志愿助残服务手册

中国助残志愿者协会 编

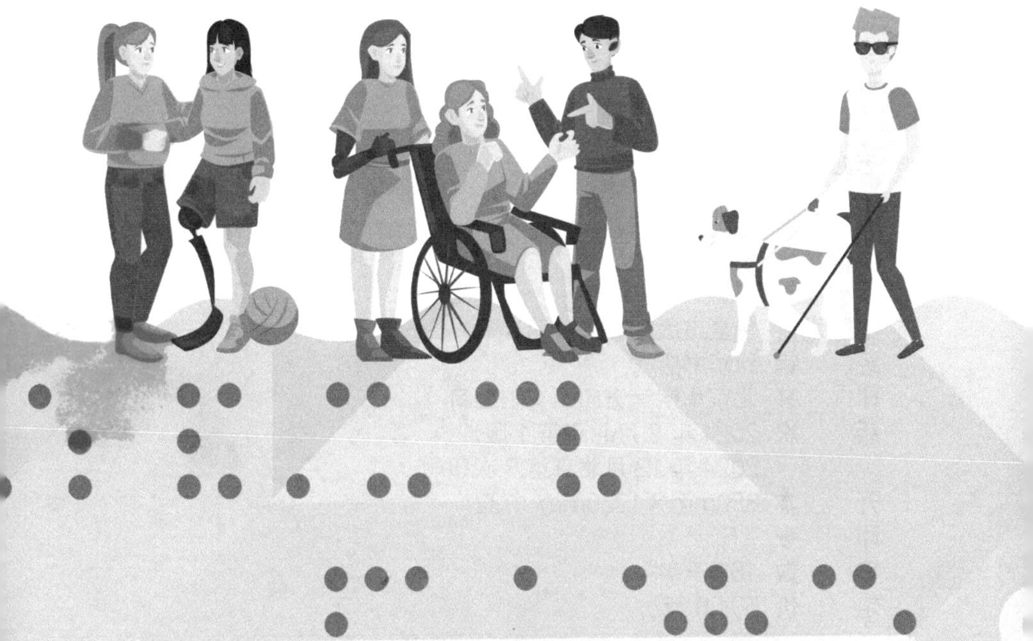

華夏出版社
HUAXIA PUBLISHING HOUSE

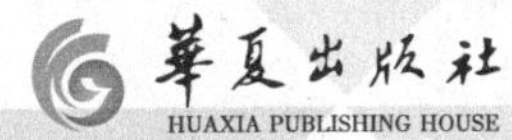

图书在版编目（CIP）数据

志愿助残服务手册 / 中国助残志愿者协会编. -- 北京：华夏出版社有限公司，2024.2（2024.12 重印）

ISBN 978-7-5222-0624-0

Ⅰ. ①志… Ⅱ. ①中… Ⅲ. ①残疾人－志愿－社会服务－中国－手册 Ⅳ. ① D669.69-62

中国国家版本馆 CIP 数据核字（2024）第 017879 号

志愿助残服务手册

编　　者 中国助残志愿者协会
责任编辑 黄　欣

出版发行 华夏出版社有限公司
经　　销 新华书店
印　　装 北京华宇信诺印刷有限公司
版　　次 2024 年 2 月北京第 1 版
2024 年 12 月北京第 3 次印刷
开　　本 880mm×1230mm 1/32
印　　张 7.5
字　　数 162 千字
定　　价 50.00 元

华夏出版社有限公司　地址：北京市东直门外香河园北里 4 号　邮编：100028
网址：www.hxph.com.cn　电话：（010）64618981

残疾人事业是需要全社会共同努力、合力推进的光荣事业。要继承发扬中华民族扶弱济困、守望相助的优良传统，积极践行社会主义核心价值观，把平等对待作为最好的关爱，把促进自立作为最好的扶助，消除有形无形的障碍和歧视，营造全社会理解、尊重、关心、帮助残疾人的浓厚氛围和良好环境。要凝聚社会各方力量，培育助残社会组织，发展残疾人公益慈善事业，广泛开展志愿助残服务。

——中央政治局常委、国务院副总理丁薛祥代表党中央国务院在中国残疾人联合会第八次全国代表大会上的致词（摘录）

编辑人员名单

统　稿：韩润峰

撰　稿：郝传萍　韩　萍　刘艳虹　代恒猛　冯希杰

朱春林　杨金波　林　达　杜　鹏

编　辑：范兴坤　李　楠　唐占鑫　孙计领

于鑫洋　王梦浩

目 录

第一篇 志愿助残的基本观念

第二篇 志愿助残知识与技能

第一篇

志愿助残的基本观念

中国人自古以来就有助人为乐、与人为善、扶危济困、乐善好施的美德。作为中华优秀传统文化的传承，志愿服务成为我们现代社会文明进步最鲜明的标识，是全社会加强精神文明建设、培育和践行社会主义核心价值观的重要内容。党的十八大以来，以习近平同志为核心的党中央高度重视志愿服务事业。习近平总书记指出，要在全社会广泛弘扬奉献、友爱、互助、进步的志愿精神，更好发挥志愿服务的积极作用，促进社会文明进步。党的二十大报告作出“完善志愿服务制度和工作体系”的重要部署，为推动志愿服务事业高质量发展指明了方向、提供了遵循，我国志愿服务事业得到迅猛发展，志愿精神得到广泛普及。

志愿助残服务是我国志愿服务事业的重要组成部分。2014 年 5 月 16 日，习近平总书记接见第五次全国自强模范暨助残先进集体和个人表彰大会受表彰代表时就强调指出：助残先进以及他们所代表的关心和帮助残疾人的社会各界人士，也堪称楷模，引领社会风气；这种舍己为人、乐善好施的高尚品质，是社会主义核心价值观的具体体现，是中华民族传统美德的具体体现。

所谓志愿助残服务，是指社会组织和个人自愿为残疾人及其亲友、残疾人组织或者机构，以及与残疾人相关的活动提供的志愿服务。志愿助残服务从形态上分为：志愿助残行为，指志愿者个人随时、随地、随处为残疾人及其亲友等提供的“即时”志愿服务；志愿助残活动，指团体或者个人为残疾人工作、残疾人活动开展的志愿服务；志愿助残服务项目，指志愿者团队开展的、持续的、为达到一定目标的助残服务活动。参与上述服务活动的志愿者为“助残志愿者”，不仅包括健全人，也包括残疾人。

志愿助残服务不仅能够为残疾人排忧解难，解决实际问题，在服务过程中，参与双方也会心情愉悦，获得精神满足。志愿者会从感情上改变对残疾人的态度，自身道德情操也会得到升华，在潜移默化中改变自己的思想和态度，正确理解“残疾”现象，正确看待造成“残疾”问题的社会原因，促进社会改善对待残疾人的态度，普及正确的助残观念。残疾人得到关心和帮助之后，会不断努力改变自己，自强自立，关心他人、关心社会，志愿助残服务对促进残健融合、建设更加包容的社会具有重要作用。

改革开放以来，在党和国家关心重视下，在社会各界的支持帮助下，我国广大残疾人和残疾人工作者，高举中国特色社会主义的伟大旗帜，积极投身于改革开放的伟大事业，坚持弘扬人道主义精神，推动我国残疾人事业上了一个大台阶，开创了一个蓬蓬勃勃的局面。随着残疾人事业的发展，全社会越来越明确地意识到，残疾人工作的重要责任就是弘扬人道主义精神，宣传、普及现代文明社会的助残服务观念，这也是志愿助残服务的核心任务。因此，了解、掌握、树立正确的残疾人观，是志愿助残活动每一位参与者的必修课。

残疾、残疾人和残疾人观

志愿助残服务的专业性突出，专业性不仅指专业技能和知识，更需要专业的理念。服务双方对残疾现象的理解差异，对残疾人问题的认识不同，将会直接影响服务态度和行为方式，影响服务结果。因此，需要客观理解残疾，正确对待残疾人，牢固树立新时代残疾人观。

第一节 “残疾”与“残疾人”的概念

不同地区、不同文化和信仰的社会一直在以各种方式探索残疾现象、残疾特征以及由此伴随的问题，并将理论应用于社会实践，由较为片面、零散的概念、思想和观点不断升华，累积形成有层次、有系统的理论认识，逐渐形成了残疾文化。这种文化现象围绕着两个中心展开：第一个中心是“人文化”，从自身到社会，从人和环境的互动，从器物、制度、社会心理等多角度、多层次、多学科地审视残疾现象，强调残疾仅仅是人类特征属性的一种，不断凸显人文精神。第二个中心是“文明化”，人类在生存和发展中不断思考，逐步认识到残疾与人类发展共生和共变的关系，残疾观和残疾文化成为衡量人类社会进步和文明的重要标准，在尊重个性、差异和多样性的基础上，强调尊重与价值、融合发展和可持续发展，“各美其美，美美与共”。这是现实的需要，也是人类认识和实践不断进步和提升的结果。

联合国《残疾人权利公约》指出，残疾是一个演变中的概念，残疾是伤残者和阻碍他们在与其他人平等的基础上充分和切实地参与社会的各种态度和环境障碍相互作用所产生的结果。现代文明社会普遍认同，残疾是一种生命状态，是生命一种表现形式；不能用残疾与否区分人的优劣并予以差别对待；残疾也不仅是个人、家庭的问题，更是社会的问题。残疾人是社会的必要组成部分，而且蕴含着巨大潜力，他们同样是社会发展进步的参与者、推动者和建设者。残疾人问题如果得不到很好的解决，就会阻碍经济发展，影响社会进步，因为它涉及社会方方面面，涉及每一个人。

《中华人民共和国残疾人保障法》将残疾人定义为，在心理、生理、人体结构上，某种组织、功能丧失或者不正常，全部或者部分丧失以正常方式从事某种活动能力的人。该定义从生理、医学的角度定义了残疾人。残疾可以理解为，由疾病或外伤等导致的器官或组织的一种功能减弱或丧失的状态，在现代医学条件下尚无法从生理上完全复原的病理损害；由病理损害导致的躯体生理功能或精神心理功能的低下或丧失，形成生理功能障碍，不能或者难以从事某种活动。我国《残疾人残疾分类和分级》国家标准将“残疾”分为视力残疾、听力残疾、言语残疾、肢体残疾、智力残疾、精神残疾、多重残疾，共计七类。《中华人民共和国残疾人保障法》中还增加了“其他残疾”类别，按照残疾程度，将残疾分为四级，一级最重，四级最轻。根据第六次全国人口普查及第二次全国残疾人抽样调查数据推算，我国残疾人总人数约为8502万人，占全国人口总数的6.34%。大约每16个人中就有一个残疾人，每5个家庭就有一个残疾人，残疾人家庭人口数量约为2.6亿人。

因为国情不同，经济社会的发展水平的差异，各国设定的残疾标准并不一致。在一些国家较为宽泛的标准下，部分被认定的轻度残疾人或者某些类别的残疾人，在另一些国家比较严格的残疾标准下，就不会被视为残疾人。在一些国家认定的残疾类别，其他国家也不一定认同。比如一些国家将内脏摘除及长期失眠、严重的皮肤疾病患者也纳入残疾人类别，允许其享受社会福利。

世界卫生组织多次对残疾人总数进行推算，最新发布的数据显示，全球目前大约有13亿左右的残疾人口，约占世界总人口的16%。随着社会经济的发展，社会福利保障能力的增强，科技的发展以及医疗的进步，人们生活水平的逐步提高，特别是老龄人口的增加、慢性健康问题等因素的影响，在残疾老龄化和老龄残疾化的影响下，残疾人数量会持续不断地增加，残疾人占总人口的比重还会持续上升。

世界卫生组织指出，在平均预期寿命超过70岁的国家，每个人平均约有8年或寿命11.5%的时间生活在“残疾”的状态或体验下。类似残疾状态或体验，比如人在幼年、垂暮以及伤病时，都会面临行动不便、生活有障碍等困境，每个人都需要社会的特殊保障，人人都离不开他人的照顾关怀。因此，残疾不是有和无的问题，而是普遍存在的，是每个人都不可回避的问题，每个人在不同年龄和不同生命阶段都会遇到不同类型的障碍、不同程度的限制。类似残疾状态后出现的障碍，也是人人都会面临、回避不开的问题。

同时，“残疾”与“健全”是动态变化的过程，没有截然分明、不可逾越的界限。身体健全的人，也面临着一定的残疾风险。反过来，通过医疗、康复和改变环境，一些残疾人会摆脱限制，脱离残疾状态。

第二节　残疾人观简介

人们对待残疾人的态度一直都受到社会文化习惯、经济社会发展的影响。对残疾现象理解、认知不同的人，对待残疾人的态度也是不一样的。数千年来，残疾人在人类社会中经历了从被拒绝排斥、歧视怜悯，到逐渐被包容、接纳，再到全社会尽最大努力，最大限度地促进其社会融合的过程。不同的社会观念会造就不同的社会环境，每一次残疾人地位和生活状况的改变，都源于社会观念的调整和改变。志愿助残服务只有在现代文明社会的残疾人观的指导下，才能切实、有效，达到服务的目的。

一、旧的残疾人观

人类社会早期，人们普遍生存能力低，无论农耕还是渔猎，都是繁重的体力劳动，身体健康的人才是生产力的主体，人类社会沿袭生物界的“优胜劣汰”“适者生存”法则，身体强壮者自然被推崇，身体羸弱者被忽视，身体不健全、体力不佳的个体在残酷的生存斗争中处于劣势。

当人们还不能正确地认识自然世界时，对许多事物不能解释，常常会将自己不能理解的情形归结为“神的旨意”或者“宿命”。人面对残疾往往充满恐惧，甚至将残疾妖魔化，看成“恶疾”，认为是个人的悲剧或灾难。残疾人还可能被认为是“前世造孽”、作恶或做坏事，因而受老天爷惩罚的结果；或是其父母亲行为、道德缺失或违逆天意的因果报应。残疾被视为不祥的象征，残疾发生的责任和根源被归结到个人身上。在漫长的历史发展过程中，人类也曾试图消除残疾，甚至想通过抛弃、隔离残疾人的方式来达到此目的。

这种极端的观念，现在已经被文明社会抛弃。因为后来人们逐渐认识到，残疾是人类固有的、自生的社会现象，无法消除。

二、医学模式的残疾人观

医学模式的残疾人观，将残疾视为个体受伤病影响的结果，关注个人身体上生理的缺陷和功能缺损。认为人应该有一个“正常”的标准形态，不符合标准形态或者身体缺损、器官功能不足就是残疾，残疾的人是有缺陷的，是“不正常”的人。

这种残疾人观认为，“残疾”是造成参与社会生活障碍的唯一的、根本的原因，“残疾人”在日常生活中受到各种限制，是由于自身残疾、缺乏能力，与他人和社会没有关系。由此，社会活动被分为“正常人”的和“非正常人”的。整个社会的物质财富和精神财富都是由“正常人”创造的，社会环境、设施、服务，制度和政策，自然也只需为“正常人”设计或制定。“非正常”的人不仅不能创造财富，还要造成消耗，因“残疾”的影响而产生的诸多障碍和困难，既是“个人不幸”，也是家庭的责任，残疾人是家庭和国家的包袱和负担，残疾人不能够也不需要参与“正常人”的社会生活。

认为残疾问题就只是医学问题，残疾人的功能缺陷需要进行补偿和恢复，达到“正常”标准，只有通过医疗康复、矫正治疗，从生理上消除“缺陷”，成为“正常人”，或者争取在身体功能方面接近“正常”，才是解决残疾问题的根本途径。残疾人应该接受怎样的治疗，用什么医学手段矫正，是由医生和专家决定的。如果“矫治”后仍不能恢复“正常”，残疾人就必须接纳自己的生活现实，努力适应社会、适应环境，由政府、社会机构或者有爱心的人们，基于同情、怜悯，以慈善方式给予照顾，残疾人被动接受安排。长期以来，大家认为这就是残疾人生存的最佳选择。

这种医学模式的残疾人观在较长时期内影响着社会公众，目前仍然有不少人持有该观念，需要调整和改变。

三、社会模式的残疾人观

社会模式的残疾人观是残疾观念发展史上的一个飞跃。社会模式的残疾人观的关注焦点，从残疾人个体和残疾本身转向社会，强调残疾人问题的发生源于环境和社会的不完善，限制了残疾人参与社会生活的能力，使得残疾人处于不利地位。社会模式的残疾人观认为，残障不仅是一种生理现象，更是一种社会现象，强调让残障人士在包容、平等、便利的社会环境中过常态的生活。

世界卫生组织提出，“损伤”（impairment）与“残疾”（disability）、“障碍（handicap）”是不同的概念。损伤是指器官一级的问题，残疾是指功能一级的问题，“障碍”是指活动一级的问题。例如，一个人肢体器官损伤，会带来相应的器官功能的降低或丧失，进而影响人的活动。但是，由于器械补偿、社会支持和个人努力，尽管损伤和残疾仍然存在，但却不一定出现障碍。比如，一个人的听力器官受损，存在听不见的问题，但戴了助听器，通过手语或其他方式，可以进行信息交流，听不见的障碍就减少了，听力残疾问题在生活中就不会突显。

社会环境的不完善会造成“障碍”，而产生障碍的原因是社会消极的、不正确的观念。比如，没有为有肢体损伤的人提供必要的支持和相应的辅助，社会和环境实际上形成了“壁垒”和“障碍”，阻碍了他们参与社会生活。实质上是社会缺乏包容接纳的态度，存在有意无意排斥甚至歧视的现象，“残疾”这一问题才因此产生。

世界卫生组织提出，人的健康不仅包括人的生理和心理因素，还应包括社会适应性因素。认为“残疾”既有身体结构和功能方面的损伤，也和社会因素有密切关系。

即便一个人身体健全，如果环境不利，也会受到限制，造成参与社会的障碍，社会需要不断改造和完善环境，为所有人提供支持和便利。身体残疾的人更需要充分完善的社会条件，以便参与社会生活。因此，不能仅仅让残疾人去适应环境，更重要的是改变社会环境，尤其是人们对待残疾人的态度，为残疾人融入社会创造必要的条件。比如，为方便听力障碍者，需要配备手语翻译、字幕提示等；为方便乘坐轮椅的人，需要设置坡道、电梯等设施；为方便视力残疾人，需要增加语音提示系统、盲道等。

第二次世界大战之后的 1948 年，联合国发布《世界人权宣言》；1950 年，国际物理医学会与康复学会成立，“康复”的内容更加丰富；1960 年，第一届“残疾人奥林匹克运动会”在罗马举办；1969 年，联合国通过了《禁止一切无视残疾人的社会条件的决议》。之后，残疾人事务逐渐受到广泛关注，联合国也密集通过了一系列关于残疾人问题的文件，比如 1971 年，通过《智力迟钝者权利宣言》；1975 年 12 月，通过了《残疾人宣言》；1976 年，联合国大会第 31/123 号决议宣布，1981 年为“国际残疾人年”，并呼吁：各国政府和非政府机构，都有责任和义务保证残疾人享受到他们应享受的权利，残疾人应当得到社会的照顾和保护，应当与其他公民一样得到起码的生活必需品。联合国还号召各国共同制定一个国际性的行动计划，开展残疾的康复和预防，强调残健机会均等。

1977 年，《盲聋者权利宣言》通过；1982 年，《关于残疾人的世界行动纲领》通过，其中特别提出了“平等 · 参与 · 共享”的理念。之后，联合国确定 1983—1992 年为“残疾人十年”；1992 年，确定每年 12 月 3 日为“国际残疾人日”；1993 年，发布《残疾人机会均等标准规则》等，都在倡导个体在社会中的地位平等、权利平等的理念，突出体现了社会模式的残疾人观。

社会模式的残疾人观，对残疾人而言，是消除障碍，实现“平等 · 参与 · 共享”，获得全面发展；对健全人而言，则是消除愚昧、偏见和歧视，实现道德的完善和精神的升华；对社会而言，则是追求和谐友爱，实现进步平等。

这种观念尚有待大力宣传、全面普及。

四、权利模式的残疾人观

2006 年，联合国通过了《残疾人权利公约》，公约的宗旨和核心是“保证残疾人与健全人同等的人权和自由”，把残疾人事务全面纳入人权保障的范畴，提出并确立了残疾人的人权主体地位。

《残疾人权利公约》是具有国际约束力的规范化文件，是在中国的积极倡导、努力推动下形成的。在参与国际事务的过程中，中国改变了过去只是作为国际规则被动接受者的做法，成为国际公约的主动倡导者和推动者，《残疾人权利公约》的最终形成，是中国对世界文明发展进步所做出的贡献。

中国为残疾人权利的实现提供法治保障。《中华人民共和国残疾人保障法》明确规定，残疾人在政治、经济、文化、社会和家庭生活等方面享有同其他公民平等的权利，残疾人的公民权利和人格尊严受法律保护。2021 年 1 月 1 日正式实施的《中华人民共和国民法典》，充分注重为残疾人提供广泛的平等保护，为残疾人权益的进一步保护提供基础。目前我国直接涉及残疾人权益保障的法律有 80 多部、行政法规有 50 多部，以法律之手为残疾人高擎保护之盾。

权利模式的残疾人观认为：残疾问题不仅是医学问题，更是社会的、权利的和发展的问题；解决残疾问题，需要首先改变社会，包括环境和公众态度；关注残疾人的潜能和需求，而不是残疾本身；社会需要关心、支持、帮助残疾人，也倡导残疾人自强自立，参与社会，奋发有为，做出贡献。

每个人都应该被平等对待和尊重。一个人无论是否有残疾，都是与生俱来具有尊严和价值的个体。残疾人首先是一个人，享有人固有的自由和尊严，社会应尊重其固有尊严。任何人都没有权利因为他人有缺陷、有限制、有障碍就对其持不公平的态度、区别对待甚至歧视。

社会应该以同样的方式对待所有人，给予每个人平等的机会和权益，不得以身体的不健全排斥、剥夺人的任何合法权利。

政府与社会不仅要保障残疾人自主生活、接受教育、拥有工作、维护健康的权利；保障其平等、安全地参与社会生活，建立家庭，维护自己隐私等权利；还要采取适当的措施、必要的手段，进行制度化建设，积极消除社会偏见，确保残疾人享有与健全人相同的权利和机会，并得到切实实现。社会也必须为残疾人提供生命全过程的，生活全方位的，必要的设施、设备、政策、法规、环境等所有支持，确保残疾人能够自主、便捷地享受公共环境，使用公共场所、接受所需要的服务，充分融入社会，共享经济社会发展成果。

要正视残疾人与健全人的差异，也要改变社会环境，让残疾人在一个包容的、平等的、便利的社会中，与其他人一样正常地生活。要求国家和社会积极健全残疾人服务和保障体系，消除残疾人自身生理限制带来的劣势。

残疾人既是经济发展和社会文明进步的受益者，同样也是社会参与的主体，享受与健全人平等的权利，努力为社会发展进步做出贡献。我国改革开放四十多年来，在社会环境日益完善、人为障碍不断减少、助残服务日益丰富的情况下，作为权利主体的残疾人，在和其他社会成员一样全面享有各项权利，与健全人一样享受文明成果的同时，也应平等承担义务。倡导残疾人积极向上，履行公民义务，遵纪守法，信守社会公德。并且要在接受社会关照和服务之后，努力增强自主能力，履行应尽义务，提高社会责任意识，努力发挥自身潜力和价值，主动参与社会生活，和其他社会成员一样为国家和社会的建设尽义务、做贡献。

越来越多的残疾人意识到，日新月异的社会发展，也呼唤着残疾人的奋斗精神。外部条件再好，如果缺乏自主意识，自身不努力，“平等参与社会”也只能是空话。残疾人只有乐观进取，不懈奋斗，积极参与社会生活，才能克服自卑感，摆脱依赖心理，正确认识自我，努力提高自身素质，才能适应社会并真正平等地融入社会。

著名的心理学实验“伤痕实验”说明：一个人内心怎样看待

自己，就能感受到怎样的外界眼光。内心世界一旦改善，身外的处境也随之改变。当今社会，物质环境不断改变，各类补偿条件也日益完善，人们的助残意识和观念也在更新调整，因此，参与社会生活的程度和成效，越来越取决于残疾人自身的努力和奋斗。不少残疾人奋发有为，努力超越生理的局限，面对生活的挑战奋勇拼搏，展现出人类的自强不屈精神，值得所有人钦佩。这些表现极大地激励了身边的健全人，影响人们的思想观念。

通过长期助残服务实践，越来越多的志愿者感受到残疾人自信满满的生活态度，昂扬向上的情绪情感，积极向上的奋斗精神。对于志愿者形成正确的助残态度，普及正确的残疾人观念，发挥了至关重要的作用。

第三节　新时代的残疾人观

中华优秀传统文化拥有深厚的内涵和底蕴，深深影响着每一位中国人，那些重民、爱民、护民、安民、亲民、恤民的理念，那些“问疾”“宽疾”“养疾”思想观念和政策措施，延续不断。《周礼》中就有了“慈幼、养老、赈穷、恤贫、宽疾、安富”的思想；孔子主张“老有所终，壮有所用，幼有所长，鳏寡孤独废疾者皆有所养”；孟子提出“仁爱”；墨子推崇“兼爱”。中国人普遍认为，对所有人没有分别心的平等相待是“功德”。同时与人为善、守望相助一直是传统中国人相处的基本行为规范，对后世的人们相互关心照顾、构建和谐关系产生了积极影响，传承至今。

新中国成立后，在党和政府的关怀下，残疾人事业从无到有，稳步发展。我们不断弘扬社会主义公平正义，主张公平公正对待包括残疾人在内的所有人，保障全体人民都享有权利和尊严，构建了社会主义博爱文化，并逐渐形成了具有中国特色的残疾人观。

新中国成立初期，还处于一穷二白、百废待兴的境况，残疾人工作就已经受到党和政府的关注。据中国盲人福利会总干事张文秋回忆，新中国成立初期，国家就着手成立中国盲人福利会，委派她担任第一任总干事。作为老革命，她几乎经历了中国革命的全过程，在长期的革命生涯中，张文秋与毛泽东一家建立了深厚的革命情谊，两个女儿刘松林（刘思齐）与邵华先后与毛泽东的儿子毛岸英、毛岸青结为伉俪。当时的张文秋因为不了解残疾人的事务，对于负责盲人福利会有畏难思想，就去找毛主席讨教。

毛主席对张文秋说：盲人是世界上最痛苦的人，你既然是为被压迫的人谋解放才出来革命的，为什么不去解放这些最苦的人呢？

毛主席将残疾人的工作上升到党的事业，上升到人类解放的高度，打动了张文秋，老人家接受了这份工作，兢兢业业地为残疾人工作了一辈子。

中国共产党以人类解放为最高目标，我们的国家以实现全体人民的富裕幸福为根本目的，不仅带领全国人民站起来、富起来、强起来，还在努力建设公平正义的社会。

随着改革开放的进程，残疾人事业得以迅速发展，以邓小平同志为核心的中央领导多次在各种场合表达了对残疾人的关注，在人、财、物等多方面给残疾人事业全力的支持。根据日本前首相大平正芳以及美国前总统卡特的回忆，邓小平同志曾对他们明确表示过“中国应该改善对残疾人的服务”，并且推动了卡特基金会为中国残疾人辅具投资的项目。

江泽民同志担任总书记期间，专门为《自强之歌》一书撰写的序言中指出，“**自有人类社会就有残疾人，残疾是人类发展进程中不可避免要付出的一种社会代价**”。这句话含义丰富，对残疾问题的发生和影响给予概括。

一是出于多种原因，人类社会的各个阶段都有残疾人。残疾一直是人类生活的一部分，是社会多样性和差异性的一种表现，不应该被视为一种缺陷，而只是一种特点。

二是人类通过开展科学研究，逐渐了解残疾产生的原因，认识其中的规律，并且采取有效的预防和应对措施，在一定程度和一定范围内，有效地预防残疾的发生，或者控制残疾的发展和影响，从另一个方面促进了科学的发展、社会的完善、人类的进步。

三是残疾人作为少数人，承担了残疾所造成的后果，承受了不幸和痛苦，反而促进了科技、社会发展，使得更多的人不再重复遭受残疾的不幸，在客观上成为人类历史发展和社会进步所付出的一种代价，因此，残疾人应该得到全社会的理解、尊重和善待。

21 世纪初，国家建设、社会发展都进入了高速发展时期，以胡锦涛同志为核心的党中央高度重视残疾人问题，启动第二次全国残疾人抽样调查工作，中共中央政治局常委会专题研究残疾人事业，并出台了党中央、国务院《关于促进残疾人事业发展的意见》。胡锦涛总书记以“发展残疾人事业　共同创造幸福生活”为题，为《自强之歌（2003 年卷）》作序，其中指出，“残疾人有人的权利和尊严，他们的公民权利和人格尊严应受到尊重和保护”，“残疾人事业是崇高的事业，是中国特色社会主义事业的重要组成部分。满腔热情地关心残疾人，切实尊重残疾人的公民权利和人格尊严，给他们以平等的地位和均等的机会，让他们共享社会物质文化发展的成果，是我国社会主义制度的本质要求”，将残疾人权益保障提高到新的高度。我国全力支持推进联合国《残疾人权利公约》的形成与发布，其内容包含了尊重残疾人的权利和人格尊严的观念，为世界文明进步做出了贡献。

之后，残疾人事业的发展伴随着国家发展的步伐进入了新时代，“这是一个需要理论而且一定能够产生理论的时代，这是一个需要思想而且一定能够产生思想的时代”。志愿助残服务也需要新的观念、意识和态度，更需要系统的宣传，普及积极的残疾文化。

进入新时代，社会主义博爱文化得到进一步弘扬。习近平总书记提出“人民对美好生活的向往，就是我们的奋斗目标”，明确提出“以人民为中心”的发展思想。总书记对做好残疾人工作、发展残疾人事业，专门作出一系列重要指示批示，提出一系列明确要求，深刻阐述了新时代残疾人事业发展的价值理念、地位作用、目标方向、重要任务和责任要求，科学回答了新时代我们怎样认识残疾人、怎样对待残疾人等理论与实践问题，形成了具有中国特色的残疾人观。

就“怎样对待残疾人”问题，习近平总书记指出：“残疾人是一个特殊困难的群体，需要格外关心、格外关注。让广大残疾人安居乐业、衣食无忧，过上幸福美好的生活，是我们党全心全意为人民服务宗旨的重要体现，是我国社会主义制度的必然要求。希望你们继承发扬优良传统，切实履行职责，锐意进取、扎实工作，为推动残疾人共享我国经济社会发展成果，为帮助残疾人在实现中华民族伟大复兴的中国梦中实现自己的人生理想，作出更大贡献。”完整阐述了应当怎样对待残疾人，以及发展残疾人事业的重要价值。

2022 年 4 月 8 日，习近平总书记在北京冬奥会、冬残奥会总结表彰大会上的讲话提出：“要弘扬人道主义精神，尊重和保护人权，完善残疾人社会保障体系，促进残疾人事业全面发展，支持鼓励残疾人自强不息。要在全社会广泛弘扬奉献、友爱、互助、进步的志愿精神，更好发挥志愿服务的积极作用，促进社会文明进步。”习近平总书记这一重要指示和论述，再次对新时代怎样对待残疾人和发展残疾人事业作出全面、深入、系统的要求，必将成为新时代进一步促进残疾人事业全面发展、扎实推进残疾人全面发展和共同富裕、做好志愿服务的根本遵循。

关于怎样认识残疾人，习近平总书记明确指出，残疾人是社会大家庭的平等成员；残疾人完全有志向、有能力为人类社会作出重大贡献；古今中外，残疾人身残志不残、自尊自立、奉献社会的奋斗事迹不胜枚举。并指出，残疾人是人类文明发展的一支重要力量，是坚持和发展中国特色社会主义的一支重要力量，是推进改革发展稳定的一支重要力量。三次强调“重要力量”，表达了对残疾人地位与价值的充分肯定。

2023 年 5 月 21 日，国家主席习近平向康复国际百年庆典致贺信，再次强调对残疾人“两个格外”的庄严承诺：“中国对残疾人格外关心、格外关注，在中国式现代化进程中，将进一步完善残疾人社会保障制度和关爱服务体系，促进残疾人事业全面发展。中国愿同世界各国一道，共同推进国际残疾人事业交流与合作，不断增进人类健康福祉。”深刻指出在中国式现代化进程中如何促进残疾人事业全面发展，进一步为残疾人事业发展指明了方向、提供了路径，同时坚持胸怀天下，以世界眼光把握和共同促进国际残疾人事业的发展，承担大国责任，展现大国担当。在中国残疾人联合会第八次全国代表大会上，在中央政治局常委、国务院副总理丁薛祥代表党中央、国务院的致词中提出，“把平等对待作为最好的关爱，把促进自立作为最好的扶助”。

习近平总书记的这些重要论述丰富、完善了具有中国特色的残疾人观。需要助残志愿者“学思用贯通，做到知信行统一”，积极践行社会主义核心价值观，消除有形无形的障碍和歧视，促进全社会共同营造理解、尊重、关心、帮助残疾人的浓厚氛围，激励残疾人自强精神，广泛参与、充分融合与全面发展。

第四节　走近残疾人，了解残疾人

残疾是人类社会发展进程中不可避免的社会现象，为了减少残疾的发生，科学和医学不断发展，法规和制度更加规范，社会建设越来越完善，对残疾问题和残疾人的研究越来越深入，“残疾人的心理特点”也是近年来逐渐形成的一门学科。因为志愿助残服务最多的群体是视力残疾人和肢体残疾人，这里主要介绍这两类残疾人的一些特点。从心理专业角度向助残志愿者提出一点建议，以期有助于志愿助残服务。

人具有生物属性、心理属性和社会属性三重属性。作为生物机体，人是心理和社会因素发挥作用的物质承受者。因此，生物属性是人最基本的属性。

心理是客观世界在人脑的反映，脑（生物器官）是心理产生的物质基础，心理是脑的机能，是在周围环境提供的刺激下产生和发展的。

社会是人与环境形成的关系总和，包括法律政策、文化背景、教育机会、价值观念等，它直接影响着心理因素，间接影响着生物因素。

在人的心理与行为活动的发生、发展和变化过程中，所有这些因素交织在一起发挥作用。残疾人的生理损伤，必然导致其相应的生理功能受限，使他们与环境互动的形式与健全人不太一样。一方面，人都具有自我实现的倾向，即生理器官的补偿以及心理补偿欲望带来的积极主动、突破局限的行为，如努力学习和刻苦练习。另一方面，随着科技发展，社会的进步，适合残疾人需要的用品用具的开发和使用，无障碍设施设备的完备，物质环境更加友好，其中，也包括志愿者得当、专业的服务，使得残疾人的身体缺陷得到社会补偿，保障残疾人平等地参与社会生活，努力自我实现，奉献社会，同时也分享社会发展的成果，实现真正意义上的共享。

不可否认，目前的社会环境是以健全人的一般需要为主设计构建的，残疾人会在很多地方感到不方便。因此，助残服务的志愿者既要了解服务对象的需求特点，也应该了解其心理特点，才能为残疾人提供高品质的支持服务。

一、视力残疾人的心理特点

健全人主要通过视觉、听觉、触觉、嗅觉、运动觉等途径感知外界的刺激（信息），其中大约 80% 的信息通过视觉途径获得。换句话说，视觉途径是健全人感知外界的最重要的途径。视觉与其他感知觉相比，有感知范围广、转移灵活、知觉速度快、知觉距离远、感知较全面的优势。视力残疾人或是完全看不见，或是仅能看见模糊的事物形象，其共同的生理特征是视力缺陷。但是，人体具有把个体的经验与自我实现有机协调配合的“机体智慧”，因此视力残疾人会表现出如下的行为特征：

1. 以耳代目

有人认为视力残疾人“耳朵特别灵”，其实，他们的听力并不比明眼人更好，而是由于视觉缺陷，更加注意获取听觉信息，因而具有较高的听觉注意力；视力残疾人对声音信息的分析更为细致，形成较高的听觉感觉选择能力；经过长年累月的听觉经验积累，视力残疾人又形成了较高的听觉记忆力。就这样，视力残疾人用“以耳代目”的方式，在某种程度上补偿了视觉缺陷，并促进了听觉功能的提高。如果环境能够提供无障碍的语音信息提示，更有助于残疾人参与社会活动；在一些特殊的场合，也要注意提示声音要明确，减少杂音，或者避免静音。比如视力残疾人参与体育活动时，不少项目都要有语音提示，而且需要减少环境中的噪音，以免干扰视力残疾人的听觉注意力。

2. 以手代目

由于看不见或看不清，视力残疾人依靠触觉分辨物体的各种不同属性（如大小、形状、结构、温度、光滑度、硬度、重量、比例、距离、方向等）。长期主动积极地利用双手触摸感知外物，即“以手代目”，使得他们的触觉感受性比明眼人还要高些，依靠敏锐的触觉，能够分辨和熟记各种常用物品的特征。视力残疾人使用的特殊文字“盲文”，又称点字，由法国视力残疾人路易·布莱尔于 1829 年发明，故又称布莱尔盲文。国际通用的点字，每个字由 1—6 个凸起的圆点组成，是专供视力残疾人摸读、书写的文字符号。2018 年 5 月，我国发布了《国家通用盲文方案》。日常生活环境中的盲文点字，如电梯点字按钮、点字指示车牌等，是视力残疾人信息沟通无障碍的重要组成部分。

视力残疾人中有残余视力的人，可凭借助视器阅读印刷体文字。日常生活中，助残志愿者也应当鼓励他们使用残余视力。

3. 嗅觉感受增强

嗅觉是视力残疾人认识他人、了解环境特征、进行空间定向的一个重要渠道。如餐馆的饭菜香味、医院的消毒水味、油漆店的油漆味、花店或田野的花香、垃圾堆的腐臭味等，都能为视力残疾人认识特定的环境、辨别方位及独立出行提供有用的信息。

有一部著名的电影叫《闻香识女人》，其中介绍了一位失明退伍军人，对听觉和嗅觉异常敏感，甚至能靠对方的香水味道判断其身高、发色乃至眼睛的颜色。虽然夸张，但视力残疾人的嗅觉感受能力特别强，这在现实生活中是确实存在的，电影的艺术创作源于实践。

4.“障碍觉”的代偿

视力残疾人依靠听觉、触觉、嗅觉、运动觉等，可以认识物体的空间关系和自己在空间中的位置，形成空间知觉并指导自己的定向运动。这是一种远距离感知障碍的现象，是视力残疾人自身生理条件和生活条件所决定的，是机体发挥潜能，对视力缺失的代偿和适应，专业上称为“障碍觉”。如，视力残疾跳远运动员凭借步幅移动的运动觉形成距离感，从而能够在自己最佳的距离内助跑和起跳；视力残疾滑雪运动员借助领跑员的声音引导进行滑雪比赛。视力残疾运动员利用回声衰减及面部触感，注意到空气流动形成触压觉的细微差别，可以估计房间的大小，辨别房间内堆放东西的多少，可以在路上独立行走不会撞到树、墙等障碍物。这种“障碍觉”还与天气、周围环境的嘈杂度、风向、心情等相关。

北京某区盲人协会老主席，一级视力残疾，曾担任一个企业的厂长。有一天，残联的同志前去工厂联系工作，他碰巧外出办事，残联同志即在会议室等候。他回来路过会议室门口，没有人告诉他有人来访，但敏锐的感觉让他停下脚步，随即问道：“有客人？”并说出来访者的名字，让大家惊叹。

5. 不完整的视觉经验

视力残疾分为盲和低视力两类，并不是所有的视力残疾人都完全看不见。许多低视力者是有残余视力的，还有一些视力残疾人只是视野变小，视力范围非常窄，如同通过管道看东西，称为“管状视野”。

先天盲的视力残疾人对颜色、明暗、空间透视没有概念。后天盲的残疾人，失明前获得过一些视觉经验，但因得不到强化，这些视觉经验也会逐渐弱化甚至消失。

视觉缺陷导致视力残疾人只能感知部分视觉信息或感知到不太清晰的视觉信息，从而导致视觉经验的缺失或不完整。在以视觉为主的社会环境中，视力残疾人会感到不方便，当身处陌生环境中，会有一种不安的心理。特别是在空旷的场景中无所依靠，容易产生孤苦伶仃的感觉，出现“广场恐惧症”等焦虑现象。

志愿者要了解，相当一部分有残余视力的残疾人，尽管他们能在光线合适的地方或者熟悉的场地内行动自如，看上去似乎很正常，不需要协助，但是，在光线不合适的地方会有辨认困难，比如观看多媒体时，或者遇到一扇玻璃大门时，都会有障碍，辨认公交车、站牌、厕所标识、房间号等也会不便，志愿者需要及时提供支持。

6. 口语交流能力较强

多数视力残疾人听觉功能是正常的，通过语言来获取信息满足的需要比较迫切，使得他们学语言的动机比较强烈，很注意倾听别人的讲话，包括广播录音。他们的言语功能在与周围人积极语言交往的过程中迅速发展，词汇积累很快。虽然交流中偶有语意不合，但是视力残疾人的口语交流能力与同龄健全人无异。

视力残疾人主要通过听觉模仿、凭借听觉记忆积累词汇。对于全盲的视力残疾人来说，由于缺少视觉感性经验作基础，对一些涉及视觉的词汇并不能理解，尽管他们也能说出表示颜色、距离、状态等的词汇，如“白雪皑皑”“雪白”“粉红”“风起云涌”“波光粼粼”“一望无际”等，但是对这些词往往只是意会而难以深刻理解，使用不一定恰当。比如，盲童在学习和运用语句时会因误解而错用概念，原因是，盲童在获得听觉信息的同时没有相应的视觉、触觉的感性经验作为支持，所以在使用某些词汇时，可能词与想表达的事物形象相互脱节。

在交际过程中，人的体态语言是用来传递信息、表达感情、表示态度的非言语的特定“语言”。不同的体态语言，可以表现出人们不同的心理特点、不同的精神状态、不同的思想情绪。对视力残疾人而言，语言表达时本就缺少表情、手势动作，他们自然也就难以观察并理解他人的面部表情和体态语言。因此，在沟通的过程中，视力残疾人往往更注重自己的表达并占据主要话题，忽视沟通对象的参与。助残志愿者需要注意这种情况，采取适当、妥善的方式与视力残疾人沟通、交流。

7. 逻辑思考能力较强

思维是人借助言语、表象和动作实现的，是人脑对客观事物的概括和间接的反映。视力残疾人善于借助语言工具进行思考，并且能够进行复杂的逻辑思考。长期的动脑使他们思维更敏捷。思维不同于感知觉，但是又离不开感知觉所提供的感性材料。思维的产生和发展建立在对感性材料占有的基础上。视力残疾人由于缺少视觉的参与，感性材料可能不足，以视觉特征为材料的想象会受到限制，比如他们可能很难领会“窗含西岭千秋雪，门泊东吴万里船”“万木霜天红烂漫”“风烟滚滚来天半”“一钩残月向西流”的诗意佳境。但他们的听觉想象力丰富，常常可以将明眼人所不注意的声响信息或语词连贯起来，展开丰富的想象，并带有个人情感色彩。如，通过聆听对话、音效以及他人的解说来欣赏一部电影。明眼人是用已知的类似的可以感知的事物来推理。视力残疾人由于缺少视觉表象，对事物的感知受到局限，依靠听和触摸虽然也能认知世界，但这种认知往往不够迅速、不够全面也不够完整。因为有些事物是无声的，有些事物发出的声响是间歇的或一发即停、不再出现的，有些东西太大或太小，无法通过触摸去认识或根本不能接触。而且，无论听或摸，都无法感知色彩、花纹。由于缺少视觉，视力残疾人对于某些事物只能得到断断续续、不连贯、不具体的信息。形象思维缺乏，信息不足，形成概念必然困难。以此为依据进行分析推理，就有可能产生错误的判断。

二、肢体残疾人的心理特点

只要有适当的环境，每个人都会努力去完善自我，最终达到自我实现，称为“实现倾向”，这是一种独立的、基本的人类动因，是整个有机体而不是部分有机体的机能。在这种内驱动力的作用下，即使一个人身体有缺陷，也会充分发挥自身潜能，去实现自身的价值。

肢体残疾人身体上的缺陷，并不影响其对事物的感知，只要提供轮椅、坡道等无障碍设备和环境改造，获得适时、适度、适当的社会支持，他们一样能够通过积极努力达到社会目标。

健全人在参与社会活动的过程中，也会不断遇到各种障碍，需要解决各种各样的矛盾、问题，肢体残疾人遇到的障碍和困难会更多。肢体缺损和某些能力的丧失，导致他们在参与社会活动的过程中更易受限。尤其是在社会上某些不正确的价值观念影响下，对残疾人所持有的不公正态度，使得某些障碍或者矛盾在肢体残疾人身上表现更为突出，且根据残疾的程度不同、残疾发生的时间不同以及残疾人生活的环境不同而存在差异。

1. 独立性与依赖性的矛盾

独立意识是指个体希望摆脱监督和管教的一种自我意识倾向。肢体残疾人作为心智健全的成年人，尽管身体残疾，也希望以成人的角色进入社会，获得与他人同等的权利，要求社会承认他们的社会资格。他们更愿意独立地观察、认识事物和做判断，独立思考和行动，自己动手解决问题；自主独立地安排学习和生活，组织并参与社会活动（包括文化体育运动）。喜欢与同龄人一起探讨问题，交流思想，更新认识，探索人生的奥秘，不喜欢受到别人过多的指责、干扰和控制。但是由于某些原因，比如行动不便和社会的支持不够带来的障碍，以及由此带来的经济不能独立，需要依赖别人才能生存，依赖帮助才能克服力不从心的实际困难，但内心又不愿意让人们看到他们的依赖性。因此，肢体残疾人心理上存在独立性与依赖性之间的矛盾。事实上，只要社会无障碍观念普及，物理环境的无障碍完善，肢体残疾人应该可以从事任何他们想从事的活动。

传奇式瑞典射击选手约纳斯·雅各布松，下肢先天残疾，16次打破世界纪录和残奥会纪录。平时他和健全选手一起训练，而且成绩还总是比别人都好。他说：“也许，如果将残疾人打入另类，才真会有问题。残疾人和健全人真的没有很大不同。他们其实并不想让别人管得太多，他们能照顾自己。”

2. 孤独与交往需求的矛盾

孤独是一种感觉，是主观上感觉自己与他人、与社会隔离或者疏远的情感体验。

人们在社会中生活，具有各种各样的社会需要，形成了各种各样的社会关系。从心理上讲，每个人都是天生的自我中心者，每个人都希望别人能承认自己的价值，支持自己，接纳自己，喜欢自己。当某种社会需要得不到满足，或者对社会关系的渴望与现实产生落差时，人就会感到孤独。

肢体残疾人因自身行动不便或社会环境的制约，不得不经常待在家里，如果长期处于交往屏蔽状态，人际交往能力也可能因为缺乏实践的机会而得不到提高。久而久之，孤独感就会油然而生。实际上，肢体残疾人同样渴望与人交往，需要友谊，需要别人的理解，愿意参与社会活动，希望通过自己的表现吸引别人的关注，希望通过人际交往获得友谊，建立温馨和谐的人际关系。人际交往也是人们认识世界、满足物质和精神层面多种需要的方式。

3. 自尊与自卑的矛盾

自尊是个体健全心理的支柱。尊重需求既包括对成就或自我价值的个人感觉，也包括他人的认可与尊重。当赢得他人尊重时，人的内心因自我价值的满足而充满自信。尊重需求如果得不到满足，人就会感到沮丧，产生自卑感。肢体残疾人同样希望别人接受他们的实际情况，并承认他们的能力与价值。希望自己掌握自己的生活，并和其他健全人拥有同等的参与社会的机会，每个残疾人都不需要简单直接的同情，这样是不能维护自尊的。

比如，别人给予的荣誉不是因为自己真才实学，自己徒有虚名，也会造成心理伤害。特别是社会上很多人对残疾人没有正确的认识和评价，不能平等相待，或以不合时宜的怜悯对待残疾人，可能会对残疾人的心理健康造成威胁。泛滥的同情、怜悯会误导残疾人的自我认知，使得他们在社会生活、人际交往中比健全人遭遇更多的困难，比如遭遇更多与人相处、家庭和就业等问题，自尊心受到伤害。一旦伤害经常化，就容易固化人的自卑情感体验。因为个人、家庭和社会等内外因素的影响，造成相当一部分肢体残疾人出现自我封闭、孤僻、内省、不主动与人交往等内倾特征，表现出倔强和自我克制的性格特点。

4. 情绪与理智的矛盾

情绪就是人对事物的态度的体验。快乐、愤怒、恐惧、悲哀是情绪最基本的 4 种表现。人的一切活动无不打上情绪的烙印。肢体残疾人由于身体上的残疾，生理功能受限，容易有意识地过多地关注自己。一些肢体残疾人对别人的态度和评论比较敏感，自我保护意识强，比如容易计较别人对其不恰当的称呼。一旦别人伤害了他们的自尊心，他们往往难以忍受，甚至会立即产生愤怒情绪，或采取过度的手段加以反击。肢体残疾人对同样肢残的伙伴有同理心，相处时容易亲近，感情融洽。可能是因为有共同的缺陷、类似的不幸，大家在一起可以放下被歧视的负担，坦然交流，并从中得到益处。但是与其他类型的残疾人交流时，情况却有所不同，并不是没有同理心，而是因为残疾的性质和类型不同，经历、境遇和对事物的感受有差异，从而影响交流。

一些肢体残疾人虽然大脑健全，但是行动不便，这会使他们的社会实践活动大为减少或改变，对其获取经验产生深刻的影响。

人的智力在大脑发育成熟后是相对稳定的，也会稳定地影响当事人的思维和行为。那些本来健全、因伤致残的人，智力水平并不会有太大的变化，思维能力受影响较少。比如兴趣、思路、想象力、洞察力、为人处世的习惯、具有的道德观念等，都会保持相对稳定。但是，对丧失能力的困惑以及能力重建是他们常常思考的问题。如果他们善于学习并调整自己的心态，恰当地看待自己的残疾，接纳自己所处的现实，始终保持思路清楚，因为思想成熟并保持心态稳定，会给他人以积极的感染，从而会获得更多的支持与资源，更有利于获得尊重、自立于社会。

5. 语言年龄与生理年龄的矛盾

“语言年龄”是专业用语，指一个人的语言发育水平。生理年龄则是指一个人的实际年龄。

造成肢体残疾的原因多种多样，如神经系统损伤、肌肉萎缩、关节病以及意外的肢骨折断、肢体切除等。一般骨骼（包括关节和骨骼）的病变导致的肢体残疾，不会影响语言的发育水平，这类残疾人的语言年龄和生理年龄是一致的。

脑性瘫痪是指脑部尚未发育成熟就受到损害或损伤，简称脑瘫，是肢体残疾的重要成因。多形成以运动和姿势障碍为主要临床表现的伤残综合征，同时可能伴有不同程度的智力障碍、癫痫，以及听觉、言语行为障碍等。

脑瘫患者的语言障碍是脑损伤所致，大多数人在言语输入系统与言语输出系统均有不同程度的障碍，其语言年龄明显低于生理年龄。例如，一个生理年龄为 25 岁的脑瘫患者，其语言能力可能只有 2 岁儿童的水平，只能说两三个字组成的句子。语言能力的低下，阻碍了他们与外界的交流，心里有话说不出，说出来也不能被人理解，甚至可能遭人讥笑。

这种语言年龄与生理年龄的矛盾，使得脑瘫患者存在交流意愿障碍，对周围的事物和他人的关心程度以及向他人表达自己意愿的能力低下，在与环境的相互作用中难以养成主动性，容易陷入无能为力的状态，从而阻碍了本来具有的潜在能力的发挥。助残志愿者应该知道辅助沟通交流系统这种扩大或代替口语表达的沟通方式，包括图片、字母沟通板、图片交换沟通系统、电子辅助沟通板等。使用这类工具可以帮助沟通障碍者利用多重管道，获得与他人沟通互动的技能。

6. 生理补偿与心理补偿

当人体的某一器官产生病变或有缺陷时，另一些器官的功能会相应加强，以弥补其功能的不足，称为生理补偿，如“以耳代目”“以脚代手”等，这是一种生理适应机制。

人体固有的补偿功能，使大多数生理缺陷都可以在一定程度上得到补偿。心理学家发现，有缺陷的人都有一种补偿缺陷的强烈要求，这种要求就是心理补偿的表现，是一种心理适应机制。当然，这种心理补偿在程度上是因人而异的，但其作用往往很强大。在心理补偿的作用下，肢体残疾人往往会为了补偿自身的生理缺陷所带来的行动不便，采取补偿性行为。他们为自己确立了总的生活目标，设计达到这个目标的途径，为达到目标而努力学习、刻苦训练、拼命奋斗。有些人因此能使尚保留完好的肢体器官的功能得到超水平的发展，甚至将缺陷转化为特长，在其他方面超过别人，培养出超群的能力或高超的技艺。这种补偿行为如果发展得过于极端，就是“过度代偿”。

身体的缺陷，是一种不足、一种遗憾、一种困惑，从生理上看，身体在努力弥补，尽量使之平衡；从意志上讲，精神的极度投入，也使生命有了亮色。实际上，正是在生理补偿的基础上，善于发挥心理补偿，才造就了很多的成功人士。

志愿助残服务

第一节　志愿者、志愿服务和志愿服务精神

志愿服务是社会文明进步的重要标志，是推动社会主义核心价值观落实落小落细的重要载体，体现了公民的社会责任，是人们奉献爱心的重要方式和渠道。广大志愿者、志愿服务组织、志愿服务工作者积极响应党和人民的号召，弘扬和践行社会主义核心价值观，走进社区、走进乡村、走进基层，为他人送温暖，为社会做贡献，充分彰显了理想信念、爱心善意、责任担当，是人民有信仰、国家有力量、民族有希望的生动体现。

一、什么是志愿服务

1．志愿者

“志愿者”一词，译自“volunteer”，源于拉丁文中的“voluntas”，原意为“意愿”。在西方，志愿者被认为是在职业之外，不受私人利益或者法律强制驱使，为改善社会、提供福利而付出努力的人们。在我国台湾、深圳等地，也称呼志愿者为“义工”“志工”等。

根据《中国志愿服务大辞典》的界定，志愿者是“为公共利益（public benefits）而自愿且无偿地奉献自己的时间、精力和技能的个人”，自愿而非强制，无偿且非职业，公益而非私益，是志愿者的本质特征。

2017 年 8 月，国务院发布《志愿服务条例》。条例以行政法规的形式，对志愿服务、志愿者和志愿服务组织等概念进行了明确界定：“本条例所称志愿者，是指以自己的时间、知识、技能、体力等从事志愿服务的自然人。”

志愿者可以分为不同类型。比如从组织化的角度，可以分为个体志愿者、组织志愿者；从是否注册的角度，可以分为临时志愿者、注册志愿者等；从作用发挥的角度，可以分为骨干志愿者、专业志愿者、星级志愿者等；从人员来源的角度，可以分为高校志愿者、企业志愿者、机关志愿者等；从服务领域和内容的角度，可以分为社区志愿者、赛会志愿者、环保志愿者、应急管理志愿者、医疗志愿者、支教志愿者、动物保护志愿者、国际志愿者等；从性别、年龄和身份特征的角度，可以分为青年志愿者、老年志愿者、巾帼志愿者、大学生志愿者、党团员志愿者等。

需要明确的是，志愿者是一种与服务行为关联的称谓，只有在从事该项服务活动期间才可以称之为“志愿者”。志愿服务强调亲力亲为，付出的是时间、知识、技能、体力等。在理解志愿者的概念时，要注意将其与“社工”区别开来。“社工”是“社会工作者”的简称，是一种社会职业，有固定薪酬，正常工作日期间需要每天上班。而志愿者从事的是一种公益服务，体现的是个人的社会责任，志愿服务是随时随地都可以做出的行为，不涉及工资薪金，不索取任何报酬。

2. 志愿服务

根据《中国志愿服务大辞典》的解释，志愿服务有广义和狭义之分，“广义上指造福近亲属以外的他人（个人或团体）或环境的所有活动。狭义上是指无偿为非营利机构工作”。根据联合国的定义，志愿服务有三个基本特点：不追求经济回报（financial rewards），服务出于个人自愿，造福他人或社会。

2017 年 12 月，国务院发布实施《志愿服务条例》，其中指出：“本条例所称志愿服务，是指志愿者、志愿服务组织和其他组织自愿、无偿向社会或者他人提供的公益服务。”条例从志愿服务的实施主体、基本原则和服务属性等角度，对志愿服务的概念进行了界定。

志愿服务的实施主体，既有自然人的个体，也有组织化的实施主体，即志愿服务组织。“本条例所称志愿服务组织，是指依法成立，以开展志愿服务为宗旨的非营利性组织。”根据这一定义，志愿服务组织有三个基本要素，即：①依法成立；②以开展志愿服务为宗旨；③非营利性组织。

相对于志愿者，志愿服务组织是志愿服务的法人主体，代表志愿服务未来发展趋势。尤其是进入新时代以来，依法登记的志愿服务组织，可以更加有效地整合志愿服务资源、规范志愿服务行为，更好地满足人们多样化、多元化的服务需求，促进人的全面发展和社会的全面进步。

此外，机关事业单位、企业、高校、社会专业机构等单位的职工、学生以及城乡居民也可以自发组建志愿服务团体，开展丰富多彩的志愿服务活动。国务院颁布的《志愿服务条例》规定："城乡社区、单位内部经基层群众性自治组织或者本单位同意成立的团体，可以在本社区、本单位内部开展志愿服务活动。"这些团体虽然没有依法注册为法人，但依托所在单位、高校的资源，具有体系化、专业化的行业优势，或者扎根社区和村，具有人、地、事相熟的属地优势，因而在服务城乡居民生产生活方面发挥了重要的积极作用。

关于志愿服务的基本原则，可以简单概括为"三原则"，即"自愿性""无偿性""利他性"。有学者认为，"组织性"也是志愿服务的原则。

与此相对应，《志愿服务条例》更加强调志愿服务过程中的平等性、诚信性、合法性，强调"开展志愿服务，应当遵循自愿、无偿、平等、诚信、合法的原则，不得违背社会公序良俗、损害社会公共利益和他人合法权益，不得危害国家安全"。志愿服务的五项原则如下图：

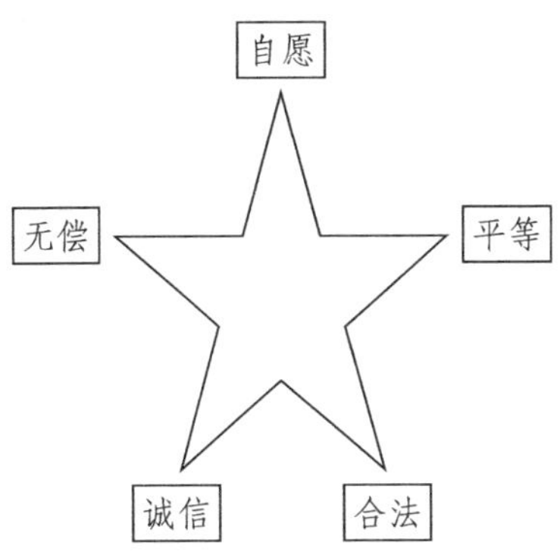

关于志愿服务的公益属性,《志愿服务条例》明确规定，志愿服务是“向社会和他人提供的公益服务”。首先，志愿服务是一种服务行为，不是简单的捐赠金钱和物质；其次，这种行为属于公益范畴，旨在增进他人的利益或社会公共利益；第三，志愿者和受助对象之间不存在法律责任关系。志愿服务不是法律强制的义务，不是商业盈利行为，而是由志愿者的心理动机、情感驱动的自发自愿行为。

特别需要强调的是，志愿服务以自愿、无偿为前提，但无偿并不意味着志愿服务不需要投入。志愿服务活动是有成本的，需要党和政府、社会各界为其搭建平台、创造条件，提供相应的经费支持和物资保障。

3. 志愿服务精神（志愿精神）

志愿服务精神，即蕴含在志愿服务行为之中的价值、理念和追求。联合国前秘书长科菲·安南在“2001 国际志愿者年”启动仪式上的讲话中指出:“志愿精神的核心是服务、团结的理想和共同使这个世界变得更加美好的信念。从这个意义上说，志愿精神是联合国精神的最终体现。”这是全球化语境下对志愿精神的经典表述，体现了志愿服务在解决人类可持续发展等全球性议题方面的共同价值。

在中国，志愿服务具有独特的思想文化内核。中国青年志愿服务从 20 世纪 90 年代初开始兴起。广大青年响应党和政府号召，积极开展扶贫助困、支教助学、敬老助残，以及参与 2008 年北京奥运会等国际性重大赛事、重要会议的服务保障工作，成为中国特色志愿服务的先行者、排头兵和生力军。在青年志愿服务的发展过程中，人们开始总结、提炼和概括志愿服务的价值、理念和功能，逐步形成了志愿服务精神的“奉献、友爱、互助、进步”这一中国化表述。

1994 年 12 月 5 日，中国青年志愿者协会举行成立大会。胡锦涛同志在发给大会的贺词中，对协会提出了殷切期望：“使奉献、友爱、互助、进步的青年志愿者精神在青年一代中发扬光大。”

2000 年 1 月 16 日，江泽民同志在杰出青年志愿者的来信上做出重要批示：“青年志愿者行动，是当代社会主义中国一项十分高尚的事业，体现了中华民族助人为乐和扶贫济困的传统美德，是大有希望的事业。努力进行好这项事业，有利于在全社会树立奉献、友爱、互助、进步的时代新风。”

2008 年 5 月 4 日，北京奥运会、残奥运会志愿者誓师大会上，时任中共中央政治局常委、国家副主席的习近平同志在讲话中指出，中国青年志愿者事业是我们党领导的共青团在新的历史条件下创新工作领域、服务社会需求的一大创举。《奥林匹克宪章》阐明的现代奥林匹克精神，就是互相了解、友谊、团结和公平竞争的精神。这同“奉献、友爱、互助、进步”的志愿服务理念是息息相通的。

2013 年 12 月 5 日，在中国青年志愿者行动实施 20 周年之际，习近平总书记给华中农业大学“本禹志愿服务队”回信：“历史和现实都告诉我们，青年一代有理想、有担当，国家就有前途，民族就有希望，实现中华民族伟大复兴就有源源不断的强大力量。希望你们弘扬奉献、友爱、互助、进步的志愿精神，坚持与祖国同行、为人民奉献，以青春梦想、用实际行动为实现中国梦做出新的更大贡献。”

根据《中国志愿服务大辞典》的解释，志愿服务精神的产生是基于个人对人类及社会的积极认识、对于社会发展的积极价值取向，体现的是个人对生命价值、社会、人类和人生观的一种积极态度。

奉献精神，是一种信仰。奉献原指恭敬地交付、呈献，即不求回报地付出。在志愿服务中，指志愿者在不计报酬、不求名利、不要特权的情况下参与推动人类发展、促进社会进步的活动。

友爱精神，是一种情怀。志愿服务精神提倡志愿者欣赏他人、与人为善、有爱无碍、平等尊重。友爱精神跨越了国界、职业和贫富差距，是没有文化差异、没有民族之分、没有收入高低之别的平等之爱，它让社会充满阳光般的温暖。

互助精神，是一种行动。志愿服务包含着深刻的互助精神，它提倡“互相帮助、助人自助”，主张“赠人玫瑰，手有余香”。

进步精神，也是一种追求。志愿者通过参与志愿服务，不但使自己的能力得到提高，而且能促进社会的进步。总之，志愿服务以奉献为价值导向，以友爱为思想精髓，以互助为实践特征，以进步为最终目标，是集价值、思想、行为和目标于一体的有机整体，是推动志愿者服务他人、奉献社会的内在动力。

二、志愿服务在中国

1. 志愿精神的思想基础

西方“志愿服务”的理念始于罗马时代的博爱精神和基督教

的宗教责任及救赎观念，通过义务工作表现出人性的爱及弘扬宗教的善性。12 世纪至 13 世纪，英国出现了 500 多家民间慈善机构。1601 年，英国颁布人类社会第一部《慈善法》，确认了慈善组织的法律地位，规定了慈善组织的行为规范。根据该法律，英国慈善组织具有公益性、慈善性、民间性、非政府、非营利性（资源仅用于公益慈善的最终目标）、非政治性（避免不适当的活动）等特征。

我国是世界文明古国，中华文明源远流长。几千年来的农耕文明，孕育了关注他人疾苦、注重邻里扶持的文化基因和美好品德。我国古代的一些思想家从治国理政的高度，阐述了扶贫济弱、以人为本的朴素思想。早在 2500 多年前，孔子就已提出“仁者爱人”的治国思想，要求统治者一定要爱惜、体恤自己的国民。同时代的其他思想家也有类似的看法或主张。如孟子认为人天生是善的，人人都有“恻隐之心”，“老吾老，以及人之老，幼吾幼，以及人之幼”，“守望相助”；墨子提出，天下之人“兼相爱”；庄子说，“泛爱万物，天地一体也”。此外，从古至今流传下来一些格言警句，如“小善渐而大德生”等，其中蕴含的思想朴实无华，但却生生不息、影响深远，成为现代社会志愿服务的思想文化渊源。

在我国古代，每逢天灾，官方和民间都会组织不同层级的赈灾、放粮活动。中央和地方政府从维护统治的目的出发，也大都关注民生，制定了相关的救济制度，设置了掌管慈善事务的专门职位。例如创始于北齐的“义仓”、宋仁宗时期创立的“广惠仓”，都是当时由官方牵头组织的一种备粮赈灾机制。据《隋书·长孙平传》记载："平见天下州县多罹水旱，百姓不给，奏令民间每秋家出粟麦一石已下，贫富差等，储之闾巷，以备凶年，名曰义仓。"大意是，当时有一个名字叫长孙平的人，看到各地经常发生水旱灾害，于是就向皇帝上奏，要求设立义仓，平时储存粮食，一旦发生灾害就可开仓赈灾。当时的最高统治者也采纳了他的意见。国家层面的倡导和支持，与民间社会的怜悯、体恤和互助行为，共同构成了我国古代社会绵延不绝的"志愿服务"的朴素形态。

2. 学雷锋与志愿服务的深度融合

我国现代意义上的志愿服务产生于新中国成立后，是在"学雷锋"活动的基础上发展起来的。1963 年 3 月 5 日，《人民日报》发表毛泽东同志亲笔题词，号召全国人民"向雷锋同志学习"。周恩来、刘少奇、朱德、邓小平等党和国家领导人也都为雷锋题词。随后，一场影响深远的学习雷锋活动在神州大地迅速兴起。雷锋的事迹广为传颂、家喻户晓，学雷锋活动在全国持续开展、影响深远，雷锋精神成了新中国社会风尚的一种标志，激励着一代又一代中国人。

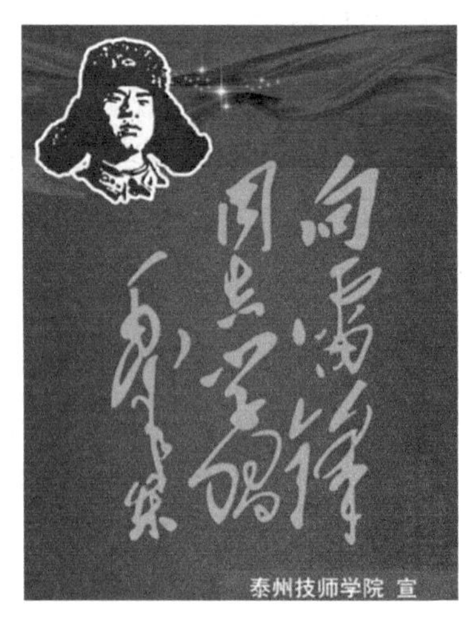

改革开放后，市场机制的引入和国企改革，推动了城乡街居制改革，使得社区重新成为人们生活的重要场所。1983 年 3 月，

北京市原宣武区大栅栏街道团委发起学雷锋“综合包户”志愿服务活动，开我国现代意义上的志愿服务之先河。1986 年，民政部提出在全国开展社区服务，并于次年召开“全国城市社区服务工作座谈会”，促进了社区志愿服务的发展。1989 年 3 月 18 日，我国出现第一个社区志愿服务组织——天津和平区新兴街道社区服务志愿者协会。

此后，青年志愿服务也逐渐发展起来。1993 年 11 月，我国大陆第一个由学生发起的志愿服务社团——北京大学爱心社成立。同年 12 月，2 万余名铁路青年率先打出“青年志愿者”的旗帜，在京广铁路沿线开展为旅客送温暖志愿服务活动。1994 年 12 月，共青团中央成立中国青年志愿者协会。1995 年 3 月 1 日，中共中央宣传部、国务院办公厅、共青团中央在北京召开了“弘扬雷锋精神，广泛开展志愿者行动”座谈会。2000 年，共青团中央又将每年的“学雷锋日”（3 月 5 日）定为“中国青年志愿者日”。亿万青年踊跃参与，揭开了我国学雷锋志愿服务事业发展的光辉一页。

进入 21 世纪，我国经济飞速发展。据统计，2008 年，中国人均国内生产总值为 23708 元，超过 3000 美元；2010 年，超过 4000 美元；2012 年，超过 6100 美元！并且全国有 10 个省、自治区、直辖市人均 GDP 超过 8000 美元，人口总数超 5 亿。其中 6 个已经超过 1 万美元，人口总数超过 2 亿。大量的人口在富裕起来、生活改善之后，逐渐将目光从关注自己的生存、自身的温饱，转向关注他人、关注社会，关注儿童、残疾人、老年人等社会问题，志愿服务领域不断拓展，志愿者群体不断扩大，从原本的以青年志愿者为主，扩展到党团员、企事业单位职工、社区居民等社会各类人群。

2008 年 5 月 12 日，四川汶川发生了大地震，来自国内外的成千上万名志愿者参与了救援。其中，深入灾区一线的志愿者人数超过 300 万人，参与后方抗震救灾的超过 1000 万人。8 月 8 日至 24 日，北京举办第 29 届奥林匹克运动会和第 13 届残疾人奥林匹克运动会，累计有 170 万名志愿者参与服务，包括 10 万赛会志愿者、40 万城市志愿者、100 万社会志愿者以及 20 万名啦啦队志愿者，志愿者的微笑成为北京“最美的城市名片”。2008 年北京奥运会的成功举办，直接促进了我国志愿服务的制度化、组织化和常态化发展。从此，在 960 万平方公里的神州大地上，志愿服务精神日益深入人心，志愿服务成为我们社会不可或缺的文化元素。

3. 中国特色志愿服务在新时代的发展

进入新时代以来，以习近平同志为核心的党中央高度重视志愿服务，从全面深化改革的全局出发，不仅对志愿服务工作做出一系列重要决策和部署。习近平总书记还多次深入基层专题调研志愿服务，多次给志愿服务组织回信，为志愿者点赞，提出殷切期望。

2013 年 12 月 5 日，在中国青年志愿者行动实施 20 周年暨第二十八个国际志愿者日之际，习近平总书记给华中农业大学“本禹志愿服务队”回信，勉励志愿者坚持与祖国同行、为人民奉献，以青春梦想、用实际行动为实现中国梦做出新的更大贡献。

2014 年 3 月 4 日，习近平总书记给“郭明义爱心团队”回信，勉励志愿者积极践行社会主义核心价值观，积极向上向善，从“赠人玫瑰、手有余香”中感受善的力量，以实际行动书写新时代的雷锋故事。

2014 年 3 月 11 日，习近平总书记出席十二届全国人大二次会议解放军代表团全体会议，亲切接见部分基层代表时，对某工兵团“雷锋连”指导员谢正谊说：“雷锋精神是永恒的，是社会主义核心价值观的生动体现。你们要做雷锋精神的种子，把雷锋精神广播在祖国大地上。”

2014 年 7 月 16 日，习近平总书记给南京青奥会志愿者回信，勉励志愿者们弘扬奥林匹克精神和志愿服务精神，热情参与、真情奉献，积极传播中华文化、讲好中国故事，用青春的激情打造最美的“中国名片”。

2018 年 9 月 28 日上午，习近平总书记在抚顺市雷锋纪念馆参观时强调，雷锋是一个时代的楷模，雷锋精神是永恒的。积小善为大德，善莫大焉，这和我们党“为人民服务”“做人民勤务员”是一脉相承的。我们要见贤思齐，把雷锋精神代代传承下去。

2019 年 1 月 17 日上午，习近平总书记来到天津市和平区新兴街朝阳里社区，为社区志愿者们点赞。总书记强调，志愿服务是社会文明进步的重要标志。志愿者事业要同“两个一百年”奋斗目标、同建设社会主义现代化国家同行。各级党委和政府要为志愿服务搭建更多平台，更好发挥志愿服务在社会治理中的积极作用。

2019 年 7 月，习近平总书记在致中国志愿服务联合会第二届会员代表大会的贺信中，希望广大志愿者、志愿服务组织、志愿服务工作者立足新时代、展现新作为，弘扬奉献、友爱、互助、进步的志愿精神，继续以实际行动书写新时代的雷锋故事。

2023 年 2 月，在毛泽东等老一辈革命家为雷锋同志题词 60 周年之际，习近平总书记对深入开展学雷锋活动作出重要指示，强调无论时代如何变迁，雷锋精神永不过时。新征程上，要深刻把握雷锋精神的时代内涵，更好发挥党员、干部模范带头作用，加强志愿服务保障和支持，不断发展壮大学雷锋志愿服务队伍，让学雷锋在人民群众特别是青少年中蔚然成风，让学雷锋活动融入日常、化作经常，让雷锋精神在新时代绽放更加璀璨的光芒，为全面建设社会主义现代化国家、全面推进中华民族伟大复兴凝聚强大力量。

此外，习近平总书记在打赢脱贫攻坚战、抗击新冠肺炎疫情、举办 2022 年北京冬奥会等重要场合、重要会议期间，对志愿服务工作充分肯定，称赞志愿者是“平凡的英雄”，“用青春和奉献提供了暖心的服务，向世界展示了蓬勃向上的中国青年形象”。总书记一再强调，社会主义是干出来的，各族群众要一起努力，志愿者要充分发挥作用。“要在全社会广泛弘扬奉献、友爱、互助、进步的志愿精神，更好发挥志愿服务的积极作用，促进社会文明进步。”

习近平总书记关于志愿服务工作的一系列重要批示、指示和讲话精神，为中国特色志愿服务指明了方向，提供了基本遵循。2013 年 12 月，中国志愿服务联合会成立，成为志愿服务领域全国性行业组织。2014 年 3 月，中央精神文明建设指导委员会印发《关于推进志愿服务制度化的意见》。2016 年 5 月 20 日，在习近平总书记的亲自主持和指导下，中央全面深化改革领导小组第 24 次会议审议通过《关于支持和发展志愿服务组织的意见》。8 月 30

日，中央全面深化改革领导小组第27次会议审议通过《关于公共文化设施开展学雷锋志愿服务的实施意见》。2017年8月，《志愿服务条例》经国务院第175次常务会议通过，自同年12月1日起施行。《志愿服务条例》作为我国首部国家层面的志愿服务行政法规，标志着我国志愿服务事业进入了法治化轨道。

在这一时期，中央加强全国志愿服务工作协调小组机制建设，进一步明确了中央文明委统一领导下的志愿服务工作的组织领导体制、工作运行机制，推动各领域、各系统志愿服务与学雷锋活动深入融合，着力向创新社会治理、服务百姓民生等各方面拓展延伸，着力推进志愿服务的制度化、常态化，取得了历史性发展，形成了志愿服务的中国特色、中国风格。无论是城乡社区、公共场所，还是在大街小巷、田间地头，到处活跃着志愿者的身影。在抗洪抢险、抗震救灾、生命救护等紧急关头，志愿者不惧风险，英勇实施应急救援。特别是2019年年底以来，面对疯狂肆虐的新冠肺炎疫情，千千万万志愿者以生命赴使命，守护人民的健康安宁，成为打赢疫情防控人民战争的“最美逆行者”。

三、载入史册的志愿服务事业

志愿服务是人类共同的高尚事业。习近平总书记在不同场合、以不同形式多次强调，志愿服务是社会文明的重要标志，志愿者是为社会做出贡献的前行者、引领者，志愿者事业将载入史册。进入新时代以来，志愿服务在助力社会治理创新、促进人的全面发展、传递社会文明风尚等方面发挥着积极作用，承载着重要的价值和功能。

首先，志愿服务是一种新型的社会动员方式，方式灵活、渠道广泛，为每一个社会主体提供了参与社会管理、获得成长、梦想成真的机会。

2014 年 3 月 27 日，习近平总书记在中法建交 50 周年纪念大会讲话中指出："中国梦是中华民族的梦，也是每个中国人的梦。我们的方向就是让每个人获得发展自我和奉献社会的机会，共同享有人生出彩的机会，共同享有梦想成真的机会，保证人民平等参与、平等发展权利，维护社会公平正义，使发展成果更多更公平惠及全体人民，朝着共同富裕方向稳步前进。"

志愿服务作为一种新型社会动员方式，排除了年龄、性别、财富、文化程度、宗教信仰、国籍等各种差别，方式灵活，渠道广泛，具有人人可为、时时可为、处处可为的鲜明特征。习近平总书记多次强调："雷锋精神，人人可学；奉献爱心，处处可为。"志愿服务的这种独特属性，为每一个社会主体提供了"发展自我和奉献社会"的机会与可能。

特别要提出的是，残疾人参与志愿服务活动，不仅体现平等参与社会、共享文明成果的积极态度，也是在尽自己的社会责任。不少优秀的残疾朋友，用自己的亲身实践，为社会做出贡献，实现了自身社会价值。

李楠，一位高位截瘫的北京"双奥"志愿者，奥运赋予她实现人生梦想、在志愿服务中共享平等参与的机会。洪润浩，一位黑龙江的有志青年，先天性脑瘫使他落下残疾，十多年来他带领团队开展公益，累计服务时长超过百万小时，多次受到党和国家领导人的亲切接见。夏虹，北京夏虹公益促进中心负责人，7 岁时因意外双臂截肢，她带领残疾人开展剪纸艺术，被评为“全国优秀共产党员”。

上述三位志愿者的共同特点，就是通过志愿服务，从“受助者”转变为“自助者”，最终成为“助人者”“奉献者”，完成了从“受助者”到“奉献者”的转变。从 2008 年北京奥运会到 2022 年北京冬奥会，李楠从不自信到自信，说自己最受益的是以志愿者的身份服务奥运，成为双奥之城的见证者和参与者。夏虹在接受记者采访时说，她觉得很庆幸，自己虽然残疾，但并没有成为社会和家庭的负担，反而还可以做很多事情来帮助别人。在她们的带动下，越来越多的残疾人参与公益，在力所能及帮助他人和回馈社会过程中，重新找到人生的乐趣，实现了自身的价值。

事实说明，志愿服务以一种积极的认知、积极的态度，激发了人们的社会责任感，同时又为每一个社会主体，不分性别、残健、年龄，提供了参与社会管理和公共服务的有效平台，“让每个人获得发展自我和奉献社会的机会，共同享有人生出彩的机会，共同享有梦想成真的机会”。

其次，志愿服务是一种有效的社会服务形式，具有精准性、个性化、人情味等特征，有助于解决政府公共服务的“最后一公里”问题。经济学研究表明，政府机制、市场机制存在“失灵”现象，即在一些特定领域和特定环节，无法高效配置资源、无法精准满足需求。2006 年 10 月，党的十六届六中全会报告中明确提出，构建与政府服务、市场服务相衔接的社会志愿服务。区别于政府服务的强制性、市场服务的资本性，志愿服务以个人的情感动机为内在动力，具有精准性、个性化、人情味等特征，是对政府服务、市场服务“失灵”问题的一种纠偏和弥补。

以助残工作为例，全国有超过 8500 万的残疾人。如此规模庞大的群体，单纯靠政府和专业机构工作人员，根本无法满足日常生活方方面面的服务需求。而成千上万志愿者的参与，可以有效地弥补专业机构助残力量的不足。

中国志愿服务联合会的一位领导曾经讲过一个案例：在一次调研中，一位瘫痪在床的残疾人拉着他的手，连声表达对志愿者的感激之情。他说：“有了志愿者，我可以每天见到太阳。”每天见到太阳，对于健全人而言，是多么稀松平常的一件事！而对于一个长期瘫痪在床的残疾人，却显得如此宝贵和难得！

特别是进入新时代以来，绝对贫困作为一个整体社会现象已不复存在，人们的服务需求日益多元化、多样化。助残工作的目标，已经不能停留在让残疾人吃好穿暖层面，而是要让他们更好地融入社会，体面而有尊严地生活。

在这一方面，志愿服务可以说是恰逢其时、大有可为、大有作为。志愿服务的背后是无数个志愿者的付出。每个志愿者都是一个独立的主体，有着自己的情感认知、社会阅历和帮扶能力。在开展服务的过程中，志愿者能够根据残疾人的个人性化需求进行分析研判，制定切实有效的帮扶方案。另一方面，大量志愿者的参与，也将助残工作和“残健共融”的理念带到千家万户，有助于在社会思想文化层面消除对残疾人的误解、歧视和排斥，更好地促进残疾人的无障碍社会融入。

第三，志愿服务具有鲜明的道德实践属性，实现了“知”和

"行"、"说"和"做"的有机融合，有助于推动社会主义核心价值观落细落小落实。

2014 年 5 月 4 日，习近平总书记在视察北京大学时曾勉励大学生："道不可坐论，德不能空谈。于实处用力，从知行合一上下功夫，核心价值观才能内化为人们的精神追求，外化为人们的自觉行动。"

作为一种群众性道德实践活动，志愿服务教育、引导人们在帮助他人、服务社会的过程中感受和践行主流价值，形成讲道德、尊道德、守道德的社会风气。在此过程中，既有价值理念层面的宣传教育，又有实践层面的身体力行，充分体现了"知"和"行"的合一，有效规避了传统思想政治教育工作中"说"和"做"脱节的问题。

2019 年 10 月，中共中央、国务院印发《新时代公民道德建设实施纲要》，提出要深入推进学雷锋志愿服务，围绕重大活动、扶贫救灾、敬老救孤、恤病助残、法律援助、文化支教、环境保护、健康指导等开展活动，引导人们把学雷锋和志愿服务作为生活方式、生活习惯。

以重大活动为例，组织在校学生以志愿者的身份参与重要会议、大型赛事活动等服务保障，是高校思想政治教育的一种创新形式。比如，建国 70 周年庆祝活动，建党百年庆祝活动，2022 年北京冬奥会、冬残奥会等，都是具有重要历史意义的重大活动。组织青年学生参与这些活动的服务保障，不仅提供了宝贵的社会实践机会，也是近距离感悟、沉浸式体验的思想政治熏陶过程。事实上，现在越来越多的家庭都将志愿服务融入家庭教育，通过言传身教、实践养成，培养孩子树立远大理想和良好道德情操，帮助孩子系好人生“第一粒扣子”。

当前，各地以志愿者为主要力量，广泛开展新时代文明实践活动。新时代文明实践以志愿服务为主要形式，着眼于凝聚群众、引导群众，以文化人、成风化俗，用中国特色社会主义文化、社会主义思想道德牢牢占领思想文化阵地。其中一项关键性举措，就是成立群众身边的志愿者队伍，用身边人、身边事，宣传教育群众、团结凝聚群众。这充分说明，志愿服务具有鲜明的价值导向和道德实践属性，在加强思想政治引领、弘扬和践行社会主义核心价值观方面具有独特优势。

第二节　中国特色志愿助残服务的发展

志愿服务是以人为核心的社会活动，最终的成果是提升人的道德情操和综合素质，促进服务双方的完善和成长，进而影响社会，使之更加文明。

助残服务一直都是广大志愿者非常关注并乐于参与的社会公益活动。需要志愿者既能正视损伤和残疾对人产生的负面影响，也要关注环境的限制与障碍；既要关注残疾人因为“损伤”和“残疾”受到限制，影响了自身活动，使得能力发挥受到局限，也要发现残疾人具备的其他功能和潜在的能力；既要倡导全社会对残疾人特别关心、特别关注，也要鼓励残疾人自强不息。这样才能全面、完整地体现权利模式的残疾人观，也是志愿助残服务应该遵循的准则。

我国具有一脉相承的助残传统。中国文化博大精深，源远流长，用著名文化学者余秋雨先生的观点，文化的最终成果是塑造集体“人格”，也就是追求成为什么样的人。而“君子”是中国人、中国传统文化追求的目标，“成人之美”是“君子”的标志之一，以“恻隐之心”为人处世，一直是中华民族的传统。

对于助残，中国自古以来一直就有较为完整、成体系的理念和政策。早在西周时期，就有所谓“保息六政”。《周礼》提出，“以保息六养万民，一曰慈幼，二曰养老，三曰振穷，四曰恤贫，五曰宽疾，六曰安富”。其中“宽疾”部分体现了当时的助残政策。周朝开设的瞽矇教育，能够保障盲人接受教育并获得一份稳定的工作。除了瞽矇教育之外，还有对言语、肢体等其他类型残疾人的教育。为了确保政策落实，政府会指派小司徒、乡师等地方官“九比之数，以辨其贵贱老幼废疾”，具体负责鉴别残疾人、减免残疾人税收和安排残疾人生活的相关事宜。

到了汉朝，政府设立收容机构，这一制度以后的各个朝代都在逐步发展。而唐朝武则天时期曾创设“悲田养病院”，在玄宗以后，开始系统化推广，以收留难以维持生计的残疾人。直至宋朝，养济院正式建立并开始快速发展，形成了较为完备的制度。明代主要是将各种社会保障的措施形成完善的制度，例如养济院制度、仓储制度、丧葬制度等，制定了相关法律《养济院条例》和《养济院考功条例》。在之前朝代发展艰难的私人慈善救助，到了明代后期迅速发展壮大，为清代的民间慈善事业打下了稳定的基础。

中国古代的民间慈善也是助残政策或理念的重要体现。富有的士绅、商人、官员等，都积极捐资助学、修桥造路、建医院寺院、赈灾济困等，其中不乏专门为残疾人服务的慈善机构或活动。宋朝时期，产生了报德堂和福田院落等慈善机构。其中，报德堂由宋朝时期大峰祖师在潮州创立，用来收养鳏寡孤独废疾之民，并在全国各地开枝散叶。明朝，张居正在南京创办了养济院，并推广到全国各地。清朝颁布了《养济院则例》等法规。这些法规规定了残疾人的生活补助、医疗救治、教育培训、就业安置等方面的内容，为残疾人提供了物质和精神上的支持。清朝林则徐在广州创立了义仓，并在全国各地推广。这些民间慈善事业不仅缓解了残疾人的生存困境，也提高了残疾人的社会地位和自尊心。国家的提倡和协助，与个体的同情、关怀和救助，构成我国古代社会“助残服务”的简朴形态。

一、在党和政府的关心支持下蓬勃发展

新中国成立后，残疾人在政治上获得了解放，公民权利和人格尊严开始得到承认和尊重。国家将残疾人工作纳入民政体系。1953 年，中国盲人福利会成立，1956 年，中国聋哑人福利会成立，1960 年，两会合并组成中国盲人聋哑人协会。

这一时期残疾人的状况与新中国成立前相比，发生了质的变化。国家逐步完善了残疾人赈济制度和收养机构；建立了残疾人劳动福利制度，促进了残疾人就业；发展了残疾人特殊教育，促进了残疾人就业和残疾人的当家作主。

20 世纪 80 年代之后，随着经济社会的飞速发展，国家采取

了一系列举措，不遗余力地发展残疾人事业：1984 年，成立了中国残疾福利基金会；1988 年，成立了中国残疾人联合会；将残疾人工作纳入了国家五年发展计划；成立了国务院残疾人工作协调委员会（后更名为国务院残疾人工作委员会），大力完善保障残疾人权益的法规体系。党中央多次召开政治局会议、政治局常委会议，专题研究残疾人事业。特别是进入新时代以来，习近平总书记数十次以讲话、批示、贺信等方式论述残疾人问题，给予残疾人事业巨大的关注支持，给予残疾人格外的关心和关注。

各级党组织也越来越多地把残疾人事业、残疾人工作作为考核当地社会发展和经济水平是否和谐、是否科学的一个重要指标。每一位党员和领导干部是否树立现代文明社会的残疾人观，也是对其的道德水准和价值取向的检验标准。志愿助残服务也是在这样的背景下得以成长发展的。

二、在改革开放进程中得到弘扬

我国改革开放之后，随着经济和社会建设的发展，中华民族与人为善、助人为乐的传统思想与志愿助残服务活动有机结合，扶助残疾人在社会上蔚然成风，越来越普遍。

联合国于 1981 年开展“国际残疾人年”活动，正值中国改革开放初期，我国政府成立了专门的工作机构，开展了一些活动，也激发了残疾人参与社会的热情。7 月 9 日，《中国青年报》刊登了北京市残疾人林达的一份建议和曹雁等六人的呼吁，这是来自残疾人最为深切的呼吁，引发广泛关注。

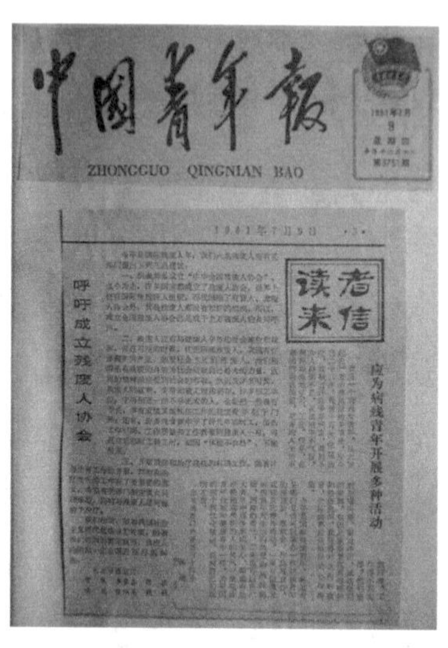

中国青年报

ZHONGGUO QINGNIAN BAO

读者来信

呼吁成立残废人协会

应为病残青年开展多种活动

一些优秀的残疾青年如吕争鸣、刘京生、朱泱，也以各自的方式发出呼声和愿望，提出有关残疾人问题的建议。这些残疾人朋友因此相识成为伙伴，四处奔走，希望社会和政府关注残疾人问题，解决他们面临的实际困难。1981 年 9 月 21 日，他们联名向全社会和广大残疾人朋友发出成立残疾人组织的呼吁信，全国各地 100 多位残疾人响应，并于 1982 年自发成立了我国第一个残疾人民间社会组织“北京病残青年俱乐部”。

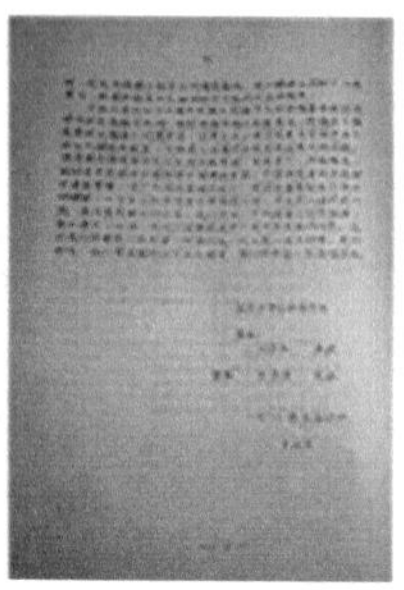

著名科普作家高士其老人对这个俱乐部给予肯定；有中国“保尔”之称的吴运铎同志为俱乐部题词“峰高无坦途，我当自奋力”。著名作曲家谷建芬老师专门为残疾人作词的歌曲《希望的曙

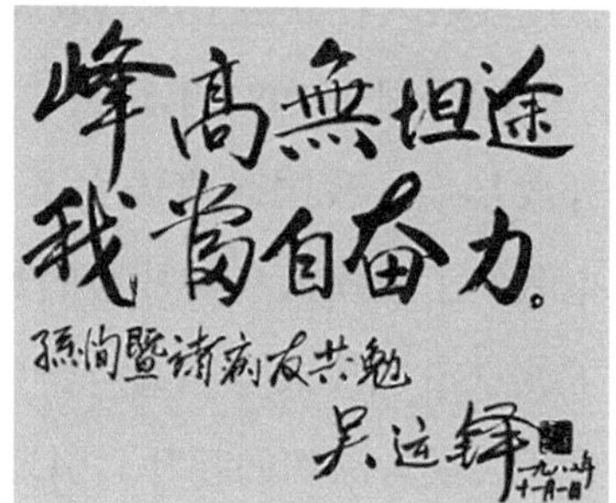

光》谱曲……

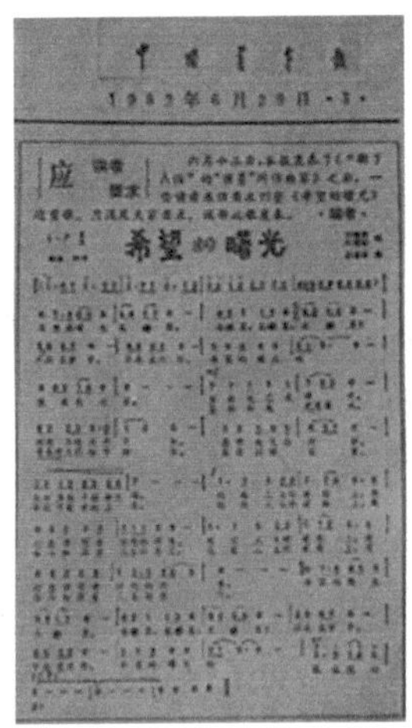

希望的曙光

当年，残疾人问题也成为社会上热议的话题，《光明日报》开辟专栏，就“残疾青年怎样生活才有意义”进行广泛的讨论。

全国政协委员冯亦代、黄苗子、张权等，率先在政协会议上专门提案，呼吁国家关注残疾人问题，提出成立残疾人组织的建议。张海迪专门到俱乐部走访，捐赠了图书，看望了俱乐部的创始人之一孙恂大姐。

著名英籍作家韩素音也多次访问俱乐部，撰写文章，给予鼓励。

CHINA DAILY

'I am just as good as anyone else!'

FLYING THE BEST MD-80

“工合”组织的创办人之一路易·艾黎，著名国际专家爱泼斯坦、伊莎白、魏路诗、沙博理等，对俱乐部给予宣传，提供多方面的帮助。

俱乐部在北京团市委和全社会的支持下，开展了一系列文化体育活动，中央乐团、中国评剧院、中国歌舞团举行专场义演，为俱乐部提供赞助。当时的北京市政府领导也出席了俱乐部组织的活动，给予高度肯定。

残疾人事业伴随国家改革开放的步伐，迎来了前所未有的机遇，也给渴求平等参与社会生活的残疾人带来了希望。北京病残青年俱乐部的影响逐渐扩大，大连、广州、武汉、西安等城市的残疾青年先后建立了残疾人协会，也涌现了史铁生、王新宪、吕世明、徐凤建、王延等一批优秀残疾青年，在残疾人事业发展过程中，发挥了推动作用，并在残联组织成立后担任了重要的角色。

1983 年 11 月 11 日，邓朴方、王鲁光等同志专门接见了北京病残青年俱乐部代表林达、韩润峰、胡守谦，认为病残俱乐部的朋友们率先发出呼吁，并且行动起来，团结联系残疾人，发扬互助友爱的精神，特别有社会意义，对俱乐部发挥的社会影响力和积极作用给予高度肯定。

在那个年代，参与社会活动的残疾人和无私支持、帮助残疾人的各界人士，都是在服务、奉献的志愿精神引领下，为残疾人事业做出了突出的贡献。残疾人朋友以志愿服务的精神展开互助，更是感染了越来越多的人，以非常纯粹的志愿精神参与到残疾人社会活动中来，涌现出一批优秀的残、健志愿者，为社会做出了贡献。

光明日报

GUANGMING RIBAO　1983年3月8日　星期二
农历癸亥年正月廿四　第12153号

一支特殊的义务服务队

——北京病残青年俱乐部街头服务侧记

此后，现代意义上的志愿助残活动在全社会日渐兴起，志愿者组织纷纷涌现，服务内容涵盖方方面面。中国传统美德与国际理念相结合，中国特色的志愿助残服务开始兴起，逐渐成为充满活力的社会力量，在促进残疾人工作、推动社会文明发展方面发挥着越来越重要的作用。

经过多年努力，1984 年到 1988 年，中国残疾人福利基金会、中国残疾人联合会先后成立，标志着残疾人事业迈向发展的新阶段。

三、伴随残疾人事业发展，形成规模和体系

成规模、有体系的志愿助残服务始于1986年，那时，中国残联虽然还没有成立，但是中国特色残疾人事业方兴未艾。在邓朴方同志积极倡导推动下，国家教委、共青团中央、全国妇联和中国残疾人福利基金会联合发起了“红领巾手拉手助残”大型公益活动，全国数以千万计的少先队员成为志愿助残的实践者。该项活动广泛动员少先队员、少先队组织与残疾人广交朋友，开展多层次的助残服务。多年来，这项活动持续开展，少先队员们踊跃参加，为残疾人献爱心、办实事、做好事。广大少年儿童与残疾小朋友手拉手，心连心，情感互动，共同成长。“红领巾手拉手助残”活动培养了广大少年儿童心中有他人，心中有集体，心中有祖国以及理解、尊重、关心、帮助残疾人的良好道德风尚，一批又一批“红领巾”成长为助残志愿者。

1988年3月，中国残疾人联合会（简称中国残联）成立。从此，志愿助残服务进入了新时期，中国残联作为全国志愿服务活动协调小组成员单位，主动及时地推动志愿助残工作纳入志愿服务和学雷锋活动大局，协调各相关单位，积极整合志愿服务资源，志愿助残合力日益显现。

1991年制定的《中国残疾人事业“八五”计划纲要》提出，在全社会开展“全国助残日”活动，继续组织好“红领巾助残”活动、“青年志愿者助残行动”，广泛开展多种形式的助残活动。志愿助残由此上升到新的高度，被纳入各个时期国家残疾人事业

五年计划（发展）纲要中。

1998 年，国务院残工委印发的《关于加强基层残联建设的决定》要求，乡、镇、街道要建立助残志愿者联络站，在志愿者与残疾人之间牵线搭桥，广泛联络动员社会各界人士和单位，为残疾人提供就近就地、灵活多样的服务。基本建立了覆盖城乡的志愿者助残工作组织网络，全国助残志愿者联络站（点）达到 30 余万个，注册助残志愿者超过 700 万人，有大约 5000 万人次的残疾人得到志愿者服务的帮助。

中国残联先后与中央文明办、民政部、共青团中央等部门联合出台多个文件，举办多项活动，将志愿助残融入全国文明城市、全国文明单位、全国文明村镇等的评选内容，将志愿助残工作纳入社区建设，推动志愿助残工作在全国各地广泛、持续开展。2002 年，共青团中央、中国残联共同实施了大型志愿者助残服务项目“百万青年志愿者助残行动”，用 3 年时间招募了 300 多万名注册志愿者，组建了一支助残志愿者骨干队伍。同时，在残疾人比较集中的场所普遍建立志愿者助残服务基地和助残服务站，通过“一助一”结对服务的方式，为全国特困残疾人及其家庭提供长期、稳定的志愿服务，以实际行动践行“奉献、友爱、互助、进步”的志愿精神。

“百万青年志愿者助残行动”历时 3 年，涌现出许多助残志愿者先进集体和先进个人。为进一步弘扬“奉献、友爱、互助、进步”的志愿精神，引导广大青年积极参与志愿助残服务工作，带动社会各界共同关心帮助残疾人，2005 年，中国残联、共青团中央决定授予北京市朝阳区青年志愿者协会等 113 个志愿者组织

"'百万青年志愿者助残行动'先进集体"称号，授予吴代莉等89名志愿者"'百万青年志愿者助残行动'先进个人"称号。

"十一五"期间，"百万青年志愿者助残行动"继续实施。各省注册助残志愿者人数以每年20%的幅度递增，到"十一五"末，全国注册助残志愿者人数达到600万人。制度建设进一步加强，基本形成了志愿者助残工作的长效机制。"十二五"以来，志愿助残工作逐步纳入国家志愿服务总体规划，各部门更加重视，开展了形式多样的志愿助残活动，并积极采取措施，促进志愿助残服务的专业化、常态化和长效化。

《中国残疾人事业"十二五"发展纲要》把志愿助残提升到更高程度，提出：将志愿助残工作纳入国家志愿服务总体规划，开展"志愿助残阳光行动"。建立健全助残志愿者招募注册、服务对接、评价激励、权益维护等机制，促进志愿助残服务的专业化、常态化和长效化。

2010年7月1日，中央文明办、民政部、司法部、解放军总政治部、共青团中央、全国妇联、全国老龄办、中国残联8部委联合出台《关于加强志愿助残工作的意见》(残联发〔2010〕15号)，就进一步加强志愿助残工作提出明确目标和要求，标志着志愿助残工作开始迈向规范化、制度化和长效化。《意见》还要求规范建立招募与注册、培训与对接、评价与激励等志愿助残工作机制，要把志愿助残工作与"创先争优"教育活动紧密结合，将志愿助残活动开展情况作为评选文明城市、文明村镇、文明单位的重要内容，纳入城市公共文明指标测评。7月6日，中央文明办、民政部、中国残联在湖北省武汉市联合召开全国志愿助残工作会议。对志愿助残工作进行部署，并启动了全国“志愿助残阳光行动”。

2011 年 5 月 26 日，中央文明办、中国残联印发《全国“关爱残疾人志愿服务活动”实施方案》(残联〔2011〕95 号)，要求加强关爱残疾人工作的社会宣传，广泛开展关爱残疾人志愿服务活动，构建关爱残疾人志愿服务工作网络，建设关爱残疾人志愿服务人才队伍，并从加强组织领导、加大经费支持、健全工作机制、注重城乡统筹等方面提出了明确的工作要求。

2012 年 4 月 24 日，为认真贯彻落实党的十七届六中全会精神，扎实推进关爱他人、关爱社会、关爱自然志愿服务活动，大力弘扬雷锋精神，推动学雷锋活动常态化，中央文明办、教育部、文化部、全国总工会、共青团中央、全国妇联、中国残联联合印发《关于组织开展“关爱他人——爱幼助残志愿服务行动”的通知》，要求广泛开展社区家庭、康复医疗、支教就学、就业培训、扶贫开发、文化体育、权益维护等志愿助残服务行动，积极为残疾人排忧解难。还要求推广“残疾人康复（托养等）机构 + 志愿者 + 企业（个人）赞助”“青少年宫 + 智障儿童 + 志愿者”等模式，发挥好“爱心亭”助残服务联络站点的作用，整合志愿助残服务活动资源。不断壮大志愿者队伍，建立完善注册登记、动态管理、激励保障机制，实现志愿者、服务对象和活动项目的有效衔接。

2013 年 6 月 25 日，中国残联印发《中国助残志愿者注册管理办法（试行）》，进一步完善了助残志愿者招募注册、服务对接、组织管理、评价激励等制度，提升了志愿助残工作的规范化、专业化管理水平。

在志愿助残活动中，县（市、区）残联负责志愿者助残的动员与组织。街道、乡镇残联助残志愿者联络站和社区及村助残志愿者联络分站或助残志愿者联络员，负责本辖区内志愿者助残的具体实施与联络，包括：进行需求与资源调查，掌握残疾人基本情况，需要服务的内容和要求；掌握志愿者的分布、特长，可以提供服务的项目和时间；分别登记造册，建档立卡；在志愿者和残疾人之间牵线搭桥，确定帮扶关系和联系办法；定期了解、统计、汇总志愿者助残的服务情况；负责向志愿者所在单位反馈志愿者助残业绩，承办表彰、奖励的推荐、申报工作，会同有关部门做好先进典型的宣传报道。

基层志愿助残服务的内容以日常生活服务为主，因人、因地制宜，提供多方位的服务，如打扫卫生、洗衣做饭、买粮买煤、修理家电、修缮房屋、看病就医、帮助外出等。还可以根据志愿者的特长和志愿者单位的资源优势，为残疾人提供医疗康复、技能培训、就业创业、法律帮助，以及为残疾人或子女提供学习辅导等方面的服务。在农村，为残疾人的劳动生产提供服务，如提供生产技能培训、购买生产资料、帮助耕种收割和产品销售等。

基层志愿助残服务的形式，从残疾人的实际需求和志愿者可以提供的服务及能力出发，灵活多样、方便有效、就近就地开展服务。可以“一助一”“众助一”，也可以“一助众”；可以定人、定时服务，也可以临时服务；可以上门服务，也可以定点接待服务；可以提供劳务服务，也可以提供资金、物质帮助，等等。将志愿者助残纳入党政干部“帮扶结对”“青年志愿者行动”“妇女手拉手”“社区精神文明建设”“军民共建”“警民共建”“科技文化三下乡”“送温暖”“雏鹰争章”等现有的行之有效的帮扶活动，同时坚持开展“红领巾助残”活动。

在志愿助残过程中，县、乡残联负责进行服务登记。县级残联印制《志愿者助残服务手册》和《志愿者助残联系卡》，由乡镇、街道助残志愿者联络站核发。《服务手册》包括志愿者姓名、工作单位、联系办法、服务内容、服务时间等项目，由志愿者持有，用于记载志愿者助残的服务情况，接受服务的残疾人签字或盖章，作为表彰和评选先进的依据。《联系卡》包括志愿者姓名、单位、联系办法和可以提供服务的内容、时间等项目，由残疾人持有，便于残疾人与志愿者联系。

为对志愿助残行为进行激励表彰，县级政府设立“志愿者助残先进个人”和“志愿者助残先进单位”荣誉称号，由政府残疾人工作委员会制定表彰办法和条件，并对符合条件的个人和单位给予表彰，授予荣誉称号，颁发证书和奖状。志愿者助残先进个人和先进单位的条件应包括基本的服务时间要求：志愿者助残先进个人的服务时间原则上应累计达到 100 小时，志愿者助残先进单位参加助残活动成员人均助残服务时间原则上应累计达到 80 小时。对长期坚持、成绩突出的个人和单位，纳入地方政府和国家表彰序列，给予表彰，授予相应荣誉称号。

为认真学习贯彻习近平总书记关于关爱残疾青少年的重要指示精神，发挥青年志愿者在助残工作中的积极作用，动员广大青年和社会公众积极参与志愿助残服务，共青团中央、中国残联决定，在全国实施中国青年志愿者助残“阳光行动”。2014 年 2 月

19 日，共青团中央、中国残联联合印发《关于实施中国青年志愿者助残“阳光行动”的通知》。2 月 28 日至 3 月 1 日，共青团中央、中国残联在北京共同召开中国青年志愿者助残“阳光行动”启动工作会议，对启动实施“阳光行动”进行全面部署。

中国青年志愿者助残“阳光行动”以“心手相牵，共享阳光”为主题，服务对象以残疾青少年为主，并尽力帮助其他残疾人及其家庭，重点围绕日常照料、就业支持、支教助学、文体活动、爱心捐赠等方面内容开展志愿助残工作。通过努力，“阳光行动”基本覆盖城镇残疾青少年，惠及大部分农村残疾青少年，并实现常态化、长效化运行，成为社会知名志愿服务品牌。

2014 年 3 月 4 日，中央文明办、中国志愿服务联合会在北京召开全国“邻里守望”志愿服务活动工作座谈会，会上，中国志愿服务联合会、中国残疾人联合会共同发出《“邻里守望——让志愿服务走进每个残疾人家庭”倡议书》。倡议书旨在汇聚每一个志愿者的力量，组织动员社区居民、邻里，从细节着眼，从小事做起，从身边帮扶，通过主动搭把手、帮扶结对子等服务方式，真诚帮助每一位需要帮助的残疾人。

2015 年 5 月 12 日，中国残联、中央文明办、民政部、共青团中央联合印发《关于进一步做好志愿助残工作的通知》，提出要切实将志愿助残纳入志愿服务工作大局，着力构建志愿助残长效机制，深入推进“邻里守望”志愿助残活动，积极搭建志愿助残服务平台，组织动员专业技术人员为残疾人提供专业志愿服务，充分发挥广大青少年助残志愿者的生力军作用，做好服务对接工作，加大志愿者的培训力度，建立健全考核评估体系，努力营造全社会志愿助残的良好氛围。

2015 年 5 月 20 日，中国助残志愿者协会在北京正式成立，协会涵盖社会各界组织和人群，也包括广大的残疾人，通过积极整合凝聚社会力量参与志愿助残服务，培育特色服务品牌，使助残志愿者有了自己的“家”，也促进了残疾人参与志愿服务。作为全国性社团组织，中国助残志愿者协会在志愿助残服务领域发挥着“引领者”和“排头兵”的作用，有力地推动了志愿助残服务的开展，志愿助残服务事业有了更加坚实的发展基础。2021 年 12 月，协会进行了换届选举，在推进政治能力建设，弘扬志愿服务精神，加强机构队伍培育，增强社会组织功能，强化志愿价值引领，促进协会活力提升，探索志愿助残服务的新模式、新方法、新路径等方面不断做出积极探索。发布《志愿助残阳光行动实施方案（2023—2025 年）》《“十四五”志愿助残服务实施方案》，推动阳光助残基地建设，开展十大“阳光品牌行动”，组建培训、无障碍、社会建设等专项委员会，努力发挥社会影响力，促进残疾人工作的全面发展。

四、新时代有中国特色的志愿助残服务展望

40 多年以来，随着残疾人事业迅速发展，志愿助残服务活动经历了起步探索、快速发展、全面提升的过程，也取得了显著成绩，助残服务范围和领域不断拓展，服务形式不断创新。全社会助残服务的热情持续高涨，公众对志愿助残服务的认同度和支持度也在持续上升，助残氛围越来越浓厚，推动着志愿助残服务组

织数量增加、规模壮大，服务类型也越来越多样，活动形式越来越丰富。

2008年，对中国志愿服务事业具有重要意义，对于志愿助残服务事业的发展也是具有特殊意义的一年。在以往助残服务经验的基础上，通过对北京奥运会、残奥会志愿者服务的理论探讨与实践研究，形成了一套较为完整的理论知识和培训体系。之后，伴随着经济社会的进步和残疾人事业的发展，志愿助残服务在专业的知识、技能和理念的指导下，为残疾人解决实际问题，促进其融入社会生活，在推进残疾人事业发展过程中发挥了特殊的作用，并且在服务实践中不断获得经验，志愿助残理论知识体系更加完整，广大志愿者开展志愿助残服务更加专业、规范，志愿助残活动更加常态化，更加深入普及。志愿者对“助残”的社会价值加深理解，对“志愿”意义的认识更加全面完整。

目前，志愿助残服务由注重大型赛事、注重节日活动，转向更加注重日常，回到身边、回到小事上、回到常态化的生活中。随着社会的发展、科技的进步，残疾人的生活状况日益改善，残疾人参与社会生活的障碍越来越少，志愿者也在因人、因地制宜，利用更多科技手段和方式，为残疾人群众提供个性化、多方位的服务。不仅为残疾人解决基本生活的问题，也在关心残疾人的成长发展问题；不仅关心残疾人自身的困难，也关心他们的亲友和家庭的困扰；不仅为残疾人消除具体有形的障碍，更注重改变社会环境，在更广的范围内减少对残疾人的各种限制，促进其融入社会。这样的转变，反映了社会文明进步的趋势。

无数社会组织也将服务的关注点转向残疾人，在街道、社区、残疾人服务机构，就近就便帮助残疾人，形成具有鲜明时代特色的助残风尚。不少助残服务活动，逐渐以项目化的方式进行，不少企事业单位、学校、社会组织，发挥所长，定时定点，长期持续服务残疾人。尤其是一些助残社会组织，利用残联在社区建立的“温馨家园”“助残驿站”“阳光助残基地”等，建立长期的项目合作关系，定期开展助残服务。有关部门出台了一系列文件，积极完善各种制度和机制，志愿助残工作不仅在逐步走向制度化、规范化，同时，在国家全面推动实现现代化和高质量发展、促进社会公平正义的过程中，志愿助残服务成为宣传社会主义核心价值观、创新社会治理的重要手段和方式。通过服务活动教育人、引导人、促进人的全面发展，促进残健共融和社会建设，成为提升志愿服务活动参与者人道主义情感的方法，成为传播现代文明社会残疾人观的平台。

第三节　做合格的助残志愿者

开展志愿助残服务活动，一直是残疾人工作的重要手段和方法。志愿助残服务在促进残疾人生活改善、融入社会方面发挥了重要作用，在宣传人道主义理念、促进社会和谐建设、提升人们素质等方面也发挥了重要作用。

作为新时代合格的助残志愿者，需要做到“观念正确、态度合理、行为恰当”。

一、用正确的观念做指导

观念，是思想中的思想。一旦成为群体行为指导，便会深刻影响社会甚至人类的命运。正是观念的转变和人类意志的力量，塑造了今天的世界。（弗里德里希·奥古斯特·冯·哈耶克）。

我们在努力建立一个文明、和谐、包容的社会，在这个过程中，在追寻、实现“中国梦”的努力中，不能忽略残疾人问题和残疾人，必须为残疾人提供平等的机会和必要的支持，确保他们与其他人一样享有基本的权利，并能充分发展潜力、融入社会，共同实现理想。

1. 尊重、保护残疾人的权利

社会稳定发展的前提是和谐、包容，每个人都能够参与其中并发挥自己的作用，并且能够充分利用社会资源，实现全面发展。社会必须接受并尊重每个人的差异，包括残疾人，这是一个基本的道德原则，也是构建包容、多元和公正的社会环境的条件之一。承认残疾人同样对社会具有价值，而且其权利必须得到保障，如果拒绝残疾人参与，社会就缺失了他们的价值，就是不完整的，不利于发展进步。人们必须支持残疾人参与社会生活，不仅让他们接受帮助，而且要提供便利和条件，让他们的价值得以发挥！这种包容性社会不仅对残疾人有益，我们每个人都能够受益。

依照《中华人民共和国宪法》和《中华人民共和国残疾人保障法》的规定，残疾人在政治、经济、文化、社会和家庭生活等方面，享有同其他公民平等的权利。任何对残疾人的偏见和歧视，任何损害残疾人的权利和尊严的行为，都违背了法律的规定和现代文明理念。联合国《残疾人权利公约》指出："因残疾而歧视任何人，是对人的固有尊严和价值的侵犯。"尊重公民的权利和人格尊严，是社会文明进步的体现。

作为助残志愿者，不仅要按照法律的规定，维护残疾人的权益，更应该在道德上遵循基本的准则，尊重残疾人的尊严，包括提供助残服务时，要努力理解他们的需求和感受，并给予他们适当的支持和关怀。残疾人常常渴望"机会均等"，希望在各个方面能够同其他社会成员一样，享有同等的参与社会事务和利用社会资源的机会，而不是超出合理范围的要求。

社会应该消除思想观念，制度、环境等方面的障碍，不能因为残疾就将残疾人与健全人区别对待，甚至排斥和限制他们，为残疾人优化环境，提供必要的支持，确保其在平等的基础上参与社会生活，共享社会经济文化物质发展成果。

2. 残疾人同样具有潜力，同样是社会财富的创造者

残疾虽然使人某些方面的功能损伤，受到限制，但是通过社会提供足够的、恰当的"补偿"，并调动、发挥人自身的代偿功能，可以使被损伤和限制的能力得到弥补。残疾人能以适合的方式认知世界，扬长避短，参与社会，创造财富，实现价值。事实证明，残疾人身上蕴藏着丰富的潜能，同样具有能力，一些残疾人甚至在某些方面的能力超乎寻常。只要为他们提供必要的条件或者支持，残疾人完全可以同健全人一样施展才能。

历史上就有不少身体残疾的人，为人类文明的发展做出过特别杰出的贡献。两腿致残的孙膑写出了《孙膑兵法》；双耳失聪的贝多芬创作了著名的《第九交响曲》；海伦·凯勒既看不见又听不到，只能靠触觉与外界交流，却写出了一部部感人至深的作品；富兰克林·罗斯福坐着轮椅入主白宫，领导美国人民克服经济危机，进行伟大的反法西斯战争；著名科学家、《时间简史》的作者霍金全身瘫痪，却走在物理学研究的最前沿。

汉代历史学家、文学家司马迁，在《报任安书》中有一段话：盖文王拘而演《周易》，仲尼厄而作《春秋》。屈原放逐，乃赋《离骚》；左丘失明，厥有《国语》；孙子膑脚，《兵法》修列；不韦迁蜀，世传《吕览》；韩非囚秦，《说难》《孤愤》。《诗》三百篇，大抵贤圣发愤之所为作也。

这是从另一个方面提出，残疾人拥有潜力和价值，而且，一些人遭受挫折和不幸之后，往往能够爆发更大的力量，做出常人所不能的业绩。这样的事例不胜枚举，残疾人同样是社会财富的创造者，是社会进步的参与者和推动者。

3. 造成残疾问题的根本原因是落后的思想观念

著名作家史铁生曾经说过，“人所不能者，即是限制，即是残疾”，具有非常深刻的哲学意味。所有人在参与社会、实现权利、发挥能力的过程中，都离不开一定的社会补偿，对于身有残疾的人来说，社会补偿就更为必要。

身体的损伤和限制对残疾人参与社会生活的影响程度，主要取决于外界环境因素。如果缺乏相应的社会支持和补偿，就会产生障碍，残疾人难以享有均等机会，权利可能难以实现，能力的发挥会受到限制，导致残疾人在社会生活中处于弱势和不利地位。如果社会补偿和支持充分，尽管残疾人的身体损伤仍然存在，但可以使损伤的不利影响减弱。

环境的不完善，社会的各种限制和障碍，才造成残疾问题。可以说：残损虽然在个人，障碍却来自社会。解决这些问题，需要国家和社会采取措施，为残疾人提供支持，提供特别扶助，减轻和消除外界的障碍，使残疾人得以便利出行、使用公共设施、享受社会服务、接受教育、从事生产劳动、参加文化体育活动、畅通信息交流等，以保障残疾人权利的实现。

残疾人需要外界提供必要的、充分的补偿条件，降低残疾造成的影响，而改变物质的、外在的环境，构建包容平等社会的前提，是社会成员普及恰当的观念。

残疾人的平等权利常常表现为要求机会均等，即在各个方面能够同其他社会成员一样，享有同等的参与社会事务和利用社会资源的机会，同时，也要给予其特别的辅助和支持。

目前，那些故意的、显性的歧视残疾人的社会现象越来越少，但是隐性的拒绝、排斥甚至歧视还时有发生，比如以各种“好心、善意”为由，以所谓“合情、合规”为由，拒绝为残疾人的正当需求提供合理便利、提供支持与保障，影响残疾人实现正当权利。可见，如果人们的思想观念不改变，社会环境就难以从根本上改变，残疾人权利就难以得到全面实现。

二、用恰当的态度提供服务

志愿者在走近残疾人、服务残疾人的过程中，逐渐改变看待残疾人的态度，不再将残疾作为一种缺陷、不足或缺乏能力的标签，而是将残疾人视为具有自主能力、需要尊重的个体。助残服务就是在帮助残疾人突破限制、实现权利，与健全人一道努力，消除偏见和不公正，促进全社会真正实现包容、平等、和谐。

（一）平等、尊重是志愿助残服务的基础

志愿助残服务最基本的态度是平等和尊重，这也是志愿服务需要突出的核心观念。不仅需要志愿者倾听残疾人的声音、关注他们的需求，还要确保他们也参与到决策过程中。

志愿助残服务应该牢记，以真诚、友善和平等的态度对待残疾人、对待每个人，助残不仅是在帮助残疾人建立自信心和自尊心，也是在营造包容、无障碍的社会氛围，弘扬文明社会基本的道德准则。

用一位培训专家的话来说就是：助残志愿者不必将每一个残疾人都看成自强不息的勇士而“仰视”，也不要把他们视为弱小无助、可怜同情的对象而“俯视”。

不少初次接触残疾人的志愿者，先入为主的概念深深烙印在脑海里，出自本能的善良，下意识地将残疾视为痛苦的来源和标志，过度关注残疾人的不便和困难，施以无微不至的关怀，却忽略残疾人的能力。不恰当的态度可能导致志愿者的服务成为一厢情愿的包办代替。志愿者在无形之中凸显了自己的“善意”，放大了残疾人的“弱势”，将他们置于被救助的地位。志愿者不能认为“只要我是为了你好”，就可以不顾方式、方法和形式、手段。

山东省济宁市汶上县的“汶上爱心联盟”，经过长期的志愿助残服务活动，总结实践经验，为了维护每个受助家庭、孩子、残

疾人的尊严，遵循正确的助残观念，对慰问活动中志愿者的言谈举止做出以下规范：

1. 每次深入家庭走访，慰问人数不宜超过6人，低调进、低调出，不要大肆宣扬。

2. 在受助者家里不许拉布幅，打旗子。

3. 避免使用贫困、贫穷、聋、瞎、瘸、傻、彪等词语。

4. 不允许与被帮助的家庭和孩子摆拍，如拍照可以侧拍。如果发朋友圈，必须为受助人打上马赛克。

5. 对帮助的孩子要公正、平等，尊重孩子的人格尊严。注意与孩子交流的语气以及话术，把对孩子的教导、教育的口气换成关爱、关心的口气，要有耐心，多引导孩子！

7. 宣传报道要真实，切勿过分渲染，切勿夸大其词。

8. 宣传报道中尽量不要提及受助人的真实姓名。

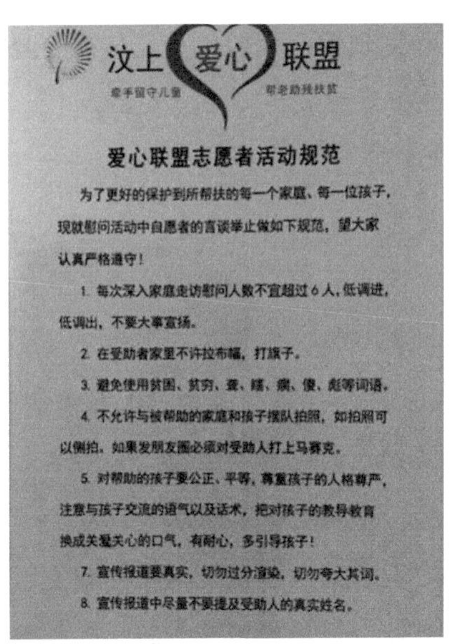

爱心联盟志愿者活动规范

为了更好的保护到所帮扶的每一个家庭、每一位孩子，现就慰问活动中自愿者的言谈举止做如下规范，望大家认真严格遵守！

1. 每次深入家庭走访慰问人数不宜超过6人，低调进，低调出，不要大事宣扬。

2. 在受助者家里不许拉布幅，打旗子。

3. 避免使用贫困、贫穷、聋、瞎、瘸、傻、彪等词语。

4. 不允许与被帮助的家庭和孩子摆队拍照，如拍照可以侧拍，如果发朋友圈必须对受助人打上马赛克。

5. 对帮助的孩子要公正、平等，尊重孩子的人格尊严，注意与孩子交流的语气以及话术，把对孩子的教导教育换成关爱关心的口气，有耐心，多引导孩子！

7. 宣传报道要真实，切勿过分渲染，切勿夸大其词。

8. 宣传报道中尽量不要提及受助人的真实姓名。

这样的做法体现了恰当的助残观念和意识，非常值得称道，对于全社会开展助残服务活动具有示范意义。

要做到平等尊重待人，首先需要改变看待他人的态度。科学研究发现，尝试以欣赏眼光看待他人和事物时，自己也会被感染、被感动、被激励，产生愉悦情绪。

参与助残服务，从发现优势、欣赏对方的角度与残疾人交流，才能保持乐观积极的心态，获得自我突破。在开心积极的氛围中沟通，不但可以提升处理问题的能力，甚至可以调整个人与他人、与整个团队之间的氛围，用良好的情绪相互感染，提升服务的质量和水平。

改变观察、评价残疾人的视角，对于志愿者有非常重要的意义。美国著名学者丹尼斯·萨利贝（Dennis Saleebey）提出“优势视角”理论，认为人们应该以积极、正面的心态去关注残疾人的潜力和能力，主动发现残疾人的优势。这样的观察方式会直接影响志愿者的服务态度、服务行为和服务结果。

“优势视角”观点：

相信人可以改变，每个人都有尊严和价值，都应该得到尊重。

认为每个人都有自己解决问题的力量与资源，并具有在困难环境中生存下来的抗逆力。即使是在困境中倍受压迫和折磨的个体，也具有他们自己从来都不曾知道的、与生俱来的潜在优势。

助人时，要关注人的优势和潜能，而不只是问题和现状；人是可以改变的，改变的力量来自自身的资源、个人的经验等。

不必刻意忽略存在的痛苦或是不足，而要以另一种角度和态度，思考改变的可能，使问题不具威胁性，愿意解决问题的个人动机便会提高。

一些残疾人通过自我努力，自主适应日常生活，取得的成就令人肃然起敬，服务这些出类拔萃、卓越出众的残疾人时，志愿者会抱着钦佩、敬仰的心态，可能在态度上也会更加积极主动。

人们在被关注、被满足、被理解的时候，才可能充分打开心扉，才会与对方有发自内心的交流与沟通。志愿助残也是相互促进、共同成长的机会，志愿者依赖的不仅仅是所学的知识技能，更是优良的个人品质和良好的心态。

（二）恰到好处的支持与协助，是志愿助残服务的最佳方式

按照联合国《残疾人权利公约》的精神，志愿助残服务活动应该是，为残疾人的合理需要提供便利的支持和必要的、恰到好处的协助，使得残疾人生活达到“常态”。这些原则，需要志愿者在服务实践中不断体会，加深理解。志愿助残服务属于特别扶助和支持的范畴，不仅仅包含专业知识、技能，更重要的是，在观念和态度上体现平等、尊重的意识。因此，志愿助残服务既是一种实践行动，也是一个学习的过程。

助残服务专业知识、技能培训，已经成为志愿助残服务活动中不可缺少的内容，大多志愿服务的组织者会对志愿者进行必要的岗前培训。志愿助残培训的课程体系和培训模式，经过 2008 年北京奥运会、残奥会，2010 年广州亚运会、亚残运会，2022 年北京冬奥会、冬残奥会等赛事志愿者培训活动的实践，更加成熟完善，影响力逐渐提升。助残志愿者，需要学习导盲、轮椅使用、手语等技能，也要学习助残礼仪和无障碍知识。尤其是接受助残

观念的宣导之后，志愿者的专业水平会得到提升，恰当地服务残疾人，并将自己的经验和感受传递给其他人，向全社会宣传关心残疾人，发挥志愿助残服务的社会影响。

1. 志愿助残服务要以残疾人为主体

志愿助残服务属于“支持性服务”，不可能取代系统的社会服务，不能替代，也不能全部包办代替。志愿者是以支持者的角色投入助残活动的，主体是被服务的残疾人，是否需要帮助、需要什么样的帮助、怎样提供帮助和服务，要由主体来决定。

在策划、设计形成服务项目和服务活动的过程中，应该鼓励残疾人参与，对服务方式和方法提出自己的想法和建议，充分表达自己的意见和需求。助残服务的数量、频次、强度要与当时、当地的环境条件以及残疾人的实际需求相适应，并非越多、越细致越好，并非全方位、无微不至才妥当，要服从当事人的实际需求。近年来，那种“己所欲而施于人”、不由分说越俎代庖的情形已经开始减少了。

还有一些志愿助残服务活动或者服务项目，过度追求形式设计的巧妙，追求场面宏大和规格，将主要精力集中在邀请领导、嘉宾和明星助阵上，尽管投入非常巨大，却忽略了主角——残疾人，效果并不一定好。反倒是那些量力而行、聚焦于服务群体、服务目标明确、“小而美”的项目，那些处处凸显以人为核心的内涵、用参与者实实在在的变化和成长感染社会的活动，会吸引更多的人参与志愿助残服务。突出以“尊重人”为前提的服务，才能发挥“志愿”的影响力，这样的志愿助残服务活动和服务项目才更可持续。

残疾人完成某些日常活动可能离不开特定的支持和辅助设备，但他们一定有部分能力和潜力，不能剥夺他们做决策和自我管理的机会和权利。作为支持性服务，志愿助残服务应尊重残疾人的独立性和自主权，志愿者只提供必要的协助，尤其是那种建立在尊重基础上，不露声色、不留痕迹、恰到好处的协助、支持，比如残疾人需要出行时，房门已经敞开，电梯已经就位，轮椅通道已经腾出，残疾人依靠自身能力畅行无阻，这样的支持才是得体的帮助，才会得到残疾人的接受和认可。

2. 志愿助残服务是要支持残疾人生活达到“常态”

志愿助残服务协助残疾人参与社会活动，与健全人获得平等的机会，实现基本的权利和福利。残疾人应该与周边生活的其他人具有同样的活动自由、参与社会的基础条件，达到相同、相近的生活质量，最现实的就是让残疾人和健全人一样地生活。

需要注意的是志愿服务的目标，超出残疾人需求的服务不一定适宜。比如：一位老人居住在没有电梯的旧楼房中，上下楼不便，每天就想下楼晒晒太阳。志愿者家访时，老人提出希望“走出家门”，志愿者们得知这个情况，决定集资带老人去旅游。尽管旅游时老人很享受、很高兴，但这并不能满足他生活中的实际需求。

3. 志愿助残服务坚持“合理便利”的原则

志愿助残服务也不一定都会提供物质和物理层面的帮助，这应该是一个良性互动的过程，比如：帮助残疾人建立社交网络，提供情感上的支持、陪伴，等等，也是志愿服务的重要内容，目的就是帮助残疾人发挥潜力，克服自身的心理、生理障碍，以积极的态度融入社会。

随着人们文明意识的普遍提升，环境越来越友善，全社会无障碍建设更加完善，残疾人参与社会生活的合理需求大都能得到满足，社会为残疾人提供的便利支持也逐渐形成体系，并且还在不断改进和创新。

所谓合理便利是指：根据残疾人的具体需要，在不造成过度或不当负担的情况下，进行必要和恰当的修改和调整，以确保残疾人在与其他人平等的基础上，享有或行使一切权利和基本自由。

志愿者提供支持的结果，应该是残疾人可以维持的状态，同时，为残疾人提供的支持条件和便利措施，社会上其他有需要的人也应该可以使用。对于那些超出志愿者能力范围的需求，经过努力志愿者也无法实现的目标，需要用理性的态度面对。

4. 志愿助残服务秉持“最少、最必要”的原则

志愿者在提供助残服务时，需要目标明确、高效利用时间、利用资源，需要秉持“最少、最必要”的原则。

志愿助残服务，如果服务支持的力度或者资源投入不足，就难以保证残疾人实现常态生活，但超过残疾人实际需要、超过志愿者实际能力的服务内容也需要评估。这不仅是从社会效率的方面考虑。那些超出实际需求的服务，不能体现对残疾人的尊重，只有那些恰到好处的，不过度消耗人力、物力、时间等成本却实实在在达到目标的服务才是最佳的服务。

在选择志愿服务项目时，要尊重残疾人自己的需求和意愿，为了满足服务对象的需求，以及符合志愿者的意愿、技能和专长，要找到相互匹配的互动方式，确保志愿者对服务工作保持热情和动力，发挥出志愿者的最大价值。在选择、设计服务项目时，要考虑到可支配资源，并合理分配志愿者需要投入的时间、精力和其他资源，以达到最有效地帮助残疾人、服务社会的目标。避免设计不合理，志愿者们过度承担工作量或浪费资源。在服务过程中，要避免志愿者盲目参与过多活动，头绪过于复杂，而无法做好最能体现价值、实现目标的服务。要根据实际情况，聚焦于最有意义且对被服务者影响最大、解决问题最为有效的手段和方法。这样，确保志愿者精力更加集中，效率得到提升，不仅对服务对象、对社会有价值，也能够帮助志愿者更好地平衡工作、学习和个人生活，保持身心健康和积极向上的态度。

5. 有效的志愿助残服务，数与量会逐渐递减

从当前社会总体上看，志愿助残服务的数与量仍然需要持续大幅度地增加，努力为更多的残疾人提供更加丰富的服务、更广泛的支持和参与社会的机会。

从个体角度来看，志愿助残服务的数与量，会随着社会支持系统的日渐完善而递减。如果法规、政策、环境等的支持足够，残疾人能够自主生活，能够独立自主参与社会活动，残疾人就会越来越不需要志愿者的支持，越来越不依赖外界的帮助，这是一个值得追求的目标。

志愿助残服务的过程中，志愿者与残疾人双方一起努力，渐渐达到“平常生活状态”时，支持程度就达到相对稳定的平衡。如果支持是有效的，随后即便逐渐减少支持，残疾人的生活状况也能够保持，而且生活水准不变，更多是依靠其自身的力量来保持，这样的志愿服务才能说达到了目标，具有成效。

比如，通过志愿者提供必要的支持和培训，残疾人得以充分发展能力和技能，掌握生活自理能力，提高社会交往水平，具备专业技能或技巧，自主融入社会，就不再需要频繁地依赖志愿者的帮助。

如果全社会对于保障、维护残疾人权益的认识得到普及，助残态度更加积极，共同为残疾人构建完善的支持系统和服务网络。比如：为残疾人提供适合他们需求的轮椅、假肢、听力辅助设备等辅助器具和技术，帮助他们更好地自主移动、交流和参与社会活动；提供教育和职业培训，使他们获取必要知识和技能，增强自信心，更有意愿和能力融入社会；提供就业机会，使他们找到适合能力和兴趣的岗位，优化工作环境，促进经济独立，提升自尊、自立能力；推动社会和公共场所建立无障碍环境，包括改造建筑物、交通设施、公共厕所等，使残疾人能够自由出行和使用各类服务。志愿者助残服务的数与量自然会下降。

志愿助残服务的过程，也是带动影响残疾人提高自主意识的过程，有效的志愿助残服务，能够影响、带动服务对象发挥潜能，以积极的态度参与社会生活，实现“助人自助”。

有一些残疾人可能长期不能脱离外界的支持，有一些残疾人机构，离开志愿者的支持和协助就无法正常运转，残疾人就难以维持现有生活的常态，抑或志愿者不断加大投入，持续提供服务，也难以进一步提升、改善当前状态，无法实现自我良性运转。这样的志愿服务需要评估，这样的社会责任是志愿者难以全部、持续承担的，需要转化成其他模式，形成社会服务机制，为残疾人、残疾人社会服务机构提供可持续的服务和全方位的支持。因此，在提供志愿助残服务时，应该根据残疾人个体需求进行评估，并为服务项目和服务活动制定相应的目标和计划。

某志愿者组织，多年前开始服务数个残疾人康复、托养机构。这些机构在起步阶段，各方面都非常困难，为了支持他们，志愿者组织投入了大量人力、物力和财力，机构一开始十分感谢，几乎是来者不拒。数年后，有的机构规模渐大，对志愿者的服务时间、服务内容提出了限制，大幅度减少了志愿服务的时间和服务内容，对捐赠物品也不是照单全收，而是有选择地接纳。有的志愿者对机构的做法很不理解，颇有埋怨。一位残联领导得知此事，认为这是在社会的支持帮助下，残疾人康复托养机构得以生存，获得发展，渐渐进入自我成长的阶段。不需要更多志愿者服务，正说明机构的运作是健康、良好的。对志愿者组织来说，这种状况恰恰说明，给予的帮助和社会支持是有效的。

三、在服务中提升精神境界

志愿助残服务活动，让志愿者有机会接触社会问题、了解残疾人的困难和需求并尽己所能提供帮助。通过这样的经历，个人可以逐渐形成并树立起关爱他人、乐于奉献等正向的价值观念，并在服务之中加深理解。

1. 志愿助残是用生命影响生命、感染生命的过程

随着志愿助残服务的普及，许多志愿者在长期的服务实践中感到，志愿服务最有价值的，不是外在的、看得见的帮助他人的行为，而是对他人的由衷关怀，这种情感以“随处可为、随时可

为”的方式呈现出来，使得社会充满温度。

残疾人在接受志愿服务的过程中，也要体谅志愿者、尊重志愿者的付出，给予积极正面的反馈。残疾人作为被服务对象，也是志愿服务活动的重要参与者，对志愿者、对志愿服务活动的态度，对服务结果的是否圆满，有不可或缺的作用。残疾人接受帮助之后，由衷地表达感谢，真诚态度和情感的展现，力图减少他人帮助的自主性，点点滴滴的、积极向上的变化，也是在以力所能及的方式参与志愿互动，并会激励志愿者。

某服务组织接受残联邀请，选派几位志愿者轮流进入一个残疾人家庭，为一位脑梗后遗症患者服务。残疾人当时只能卧床，甚至不能言语，无法与志愿者交流，只能默默看着志愿者为其收拾家务，读书读报，做饭喂水，一段时间后，志愿者的服务都有些“机械”。有一天，两位服务的志愿者来到残疾人家中，先走到床前，礼貌地向残疾人打招呼，忽然发觉卧在床上的残疾人有点激动，口中发出含混不清的声音，并费劲地抬起左手。大家疑惑之时，只见他手掌缓缓张开，露出一个橘子，看样子已经握了很长时间了，大家这才恍然大悟。残疾人看到志愿者的热心服务，感动之余，无以为报，送上自己认为珍贵的橘子来表达感激之情。刹那间，志愿者感到连日的付出得到了最为珍贵的回报，自己的服务价值得到肯定，更加心甘情愿地投入志愿服务之中。

有些接受志愿者服务的残疾人，努力改变自己，提升自己的素质和能力，主动关心社会和他人，从被服务者转而成为自助者，进而成为助人者。这样的良性互动，双向影响，才是完整实现“助人自助”的理念，是我们社会需要的结果，也是志愿助残服务真正要达到的目的。

志愿者在服务中，感受到生命的精彩，受到残疾人自强精神的感染，会产生更强烈的价值感和愉悦感，得到教益和成长，更加愿意投入服务实践，动用资源参与助残服务。在服务实践中，志愿者培养了与人为善、乐于助人的习惯，随时随地显露出关爱他人的情怀，时时处处为他人、为社会做好事，在“赠人玫瑰，香飘人间”的同时，在自我超越的过程中，提升生命的价值。

现代科学研究表明，以爱为基础的人际关系是人们生活幸福、健康长寿的关键，具有良好、稳定、高质量的人际关系，不仅能确保事业的成功，还是生理健康的基础。志愿服务不仅是帮助他人解决现实困难的过程，更是与伙伴、陌生人、服务对象构建良好关系的过程，对个人完善、团队成长和社会和谐具有关键意义。

科学研究也表明，人天生就有与他人连接的倾向，需要拥有亲人的爱，拥有社会交往和友谊，这是人的本能需求，一旦得不到满足，身心都会“受伤”。而建立连接的前提是关心他人，帮助他人，将他人的需求当作自己的需求，甚至将别人的需求置于自己需求之前。这也许是对志愿服务动机的又一种解释（马修·利伯曼《社交天性》）。人们在交往中得到接纳、认可、赞许时，会影响神经系统活动，改善内分泌。

越来越多的志愿者深切体会到，助残服务过程不是单方面的付出和奉献，更是人与人建立起积极良好的关系，相互感染，用心灵的力量影响人、打动人心的过程，也是提升志愿服务精神、领悟助残服务观念、逐渐改变助残态度的过程（包括被服务者如何看待自己）。

某劝募基金会的志愿者，为残疾孩子募捐善款，随着时间的延续，工作热情和积极性明显降低，因为劝募指标并不高，完成基本数额后就开始懈怠起来。组织者安排志愿者与一批残疾人联谊，这些残疾人热情洋溢，阳光快乐，非常自信。志愿者事后了解到，因为自己的服务，这些残疾人获得就学的机会，改变了他们的人生轨迹，志愿服务热情大幅度提升，服务绩效增加了170%以上。

当志愿者了解到自己服务的积极成果，内心受到特别的激励，意识到自己具体的行为对他人有所帮助时，会强化对服务的意义、价值的认识，更会激励自己，克服困难，参与志愿公益活动。志愿精神其实也是在这样的服务实践与深化认识之中，不断得以提升，志愿者的成长也是通过一次又一次的活动不断达成的。

2. 关爱先从身边开始

经济社会发展，人们生活富裕、衣食无忧之后，自然会将个人的存在感、价值感的依托，从关注自身的温饱、提升个人的享受，转而关心他人和社会，通过服务他人、奉献社会获得价值提升，获得更强烈的快乐体验，这也是人本能的追求，都希望在更高层次上获得更深刻的心理体验。

志愿者参与助残服务，既是在帮助残疾人，也是在收获快乐和成长，丰富人生阅历，并且在助残服务实践中，增长才干，提升处理问题、应对压力、抵抗挫折的能力，精神世界和人格得到完善，提升与他人建立亲密关系的能力，对自己的人生、事业都会产生影响，志愿者应该是志愿服务的最直接的受益者。

志愿者在服务他人、奉献社会的过程中，可以体验到更为深刻、持久、难以替代的快乐。科学研究表明，一个人将社会利益和他人的需求放在自己的利益、自己的需求之前，其行为获得成功、认可和赞誉时，内心会产生难以言表的快乐。这既是一种高尚的境界和情怀，也是支撑志愿者投身社会服务的心理力量，“我服务、我奉献、我快乐”是有科学依据的。志愿服务成为现代社会越来越多的人主动选择的生活方式。

而培养、树立关心他人的习惯，树立关怀他人的意识，应该先从身边的人开始，比如对亲人的呵护、爱戴、尊重，对朋友的友好、温柔、忠诚，对同事的关心与协助，对陌生人的包容、感激、和善。能够按照以“家为先、业为重、志愿服务做补充”的权重安排好自己的生活，才是志愿者应有的生活状态。

随着社会公益氛围的日益浓厚、公益理念的普及，对志愿精神的倡导，参与社会服务将成为每个人离不开的生活方式。这种生活方式，会使得人们的生活更加丰富多彩、幸福完美。志愿者如果将参与社会服务作为生活的一部分，那么志愿服务也不在于一朝一夕，需要在工作、生活、学习与参与志愿服务之间做好取舍和平衡，安排好自己的生活之后再做出承诺。

做好社会服务，志愿者首先要妥善处理好自己的生活，解决好遇到的生活问题，成为家庭幸福、事业有成、为人友善、快乐生活的人，才有服务他人、奉献社会的能力和基础，助人服务时才会有感情和温度，更能体现志愿服务“以人为核心”的价值，这是我们社会所需要的。也就是说，“人对了，事情就对了”。

很难想象，一个内心充满焦虑、愤怒和压抑的人，能够从容面对他人的困难，妥善解决别人的问题；一个对自己的情绪、情感都处理不好，对自己的身体健康都不关心的人，能够真切地关心、体谅他人的苦难和不便；一个连自己身边亲人都漠不关心的人，可以深切地关怀远方的陌生人。《孝经》中有“不爱其亲，而爱他人者，谓之悖德；不敬其亲，而敬他人者，谓之悖理”的说法，这是中国传统的道德观念，符合人性，得到志愿者的认同。

除了特殊情形外，不应该提倡志愿者“病痛缠身也坚守岗位”“为了服务而抛家舍业”“忍辱负重也要坚持不懈”，这类情况不能成为志愿服务的常态。当然，志愿者也不应该将参与志愿服务活动当作宣泄不良情绪、排遣压力的手段。

我们特别提倡“家为先，业为重，志愿公益是补充”的生活方式，家家生活幸福，人人事业平稳，社会互助友爱，才是我们期待的社会氛围。

3. 做好事不留名

目前社会普遍认同，帮助人、做好事不留名是道德高尚，具有慈善、公益和无私奉献精神的具体表现。如果从更全面的角度认识这个问题，会对志愿者有所启发。

听过一个故事：农村一个有钱的富户，每到过年时，都让家人准备一些年货，悄悄送给村里有困难的人，帮助他们过年，但是特别嘱咐，只准放在受助人的家门口，不能让对方知道是谁送来的，这样做才安心。在一次培训班上讨论这一案例时，几位志愿者认为这个富户很有善心，助人要纯粹，不能有附带条件，这个富户的境界如此之高，我们要学习效仿。但是也有人分析，如果当面赠送年货，贫困家庭年年接受赠予，总是欠着人情，平时见面心情会不会有愧疚？同村邻居知道你有此善举，而且也有余力帮助他人，会不会都产生不必要期待？如果富户遇到特殊情况，能力受限，不能给予更多的人赠予和救助时，会不会遭到抱怨？富户采取回避的做法，不但保护了对方的自尊心，也保护了自己。

从心理学角度来看，施以援手的人，除了获得良心的安宁，还会附带道德和地位的优越感。而被帮助的人，在意识层面是开心的，因为解决了外在的、物质或者实际的需求。但心灵深处却可能产生对自己地位和现实状况的不满，潜意识里会滋生出一种对自己的“卑微、无力”的埋怨，甚至有愤怒的情绪、嫉妒的心理，需要一定的道德和良知做支撑，才能限制住这种怨气，以免影响其社会行为。可惜许多人难以处理好这类情绪。

比如，一些贫困大学生不愿意公开自己的贫困生身份，为此甚至拒绝领取救助金；一些演艺明星救助贫困学生，却得不到期待的感激，甚至自己身患重病、无力救助时，没有得到关心和问候，在道德上还遭到谴责，“好心不得好报”；不少接受帮助的人，为保护自己的自尊心，除了接受馈赠，连与救助者见面也要回避，对救助者表达感谢也是闪烁其词。

志愿者要理解这种现象。成熟的助残服务活动，最好是以团队、集体的形式出现，不建议让施助者直接认识受助者，即便受助者要表达感谢，也最好让其对组织、单位和团体致谢。在组织和团队内部，要极力表彰、嘉许那些自觉自愿付出的人士，采取多种方式不断激励他们，确保他们更加持久地参与到社会服务之中。受助者不知道具体的施助者姓名，这既是对受助者自尊心的保护，也是尊重施助者的善心，更有利于受助者将感激化作对国家、对社会、对组织的爱戴，有利于慈善、公益、志愿活动的健康发展。

四、在志愿助残服务中获得心理成长

参与志愿助残服务可以帮助志愿者培养和提升各种能力，如领导力、沟通能力、团队合作能力、问题解决能力等。在志愿服务中，志愿者要承担责任、组织协调活动，与不同背景和经历的人们互动，促进自身能力的发展。这些都是普遍认同的情况。

志愿助残服务面对的也许并不都是热情洋溢的笑脸、激动人心的场面，也可能遇到恶劣的天气，可能会遭遇连续工作、身体疲劳、孤独寂寞、不被理解等等困扰。尤其是志愿者参加有组织的大型服务活动时，如果前期缺乏岗位培训，不了解统一部署，不了解完整的服务流程，不清楚岗位的重要性，在千篇一律的节奏中会感到单调乏味，在连续的简单重复的工作中会感到疲惫，激情被消磨，甚至影响情绪和信心。志愿者如果对自己的团队不熟悉，个人的付出得不到伙伴认可，会产生人际关系的不适。志愿者如果对服务对象的特性不了解，与陌生的残疾人初次接触，本能地会产生距离感，忐忑不安，情绪波动。如果志愿者团队管理者经验不足，工作出现瑕疵，志愿者团队就不能默契合作，形不成合力，遇到突发情况时往往会无所适从，等等。要解决这些问题，不仅需要组织制度、专门培训，也需要志愿者自身有成熟的心态。

志愿者团队的良性互动，相互支持和鼓励，可以减轻心理压力和焦虑情绪，提升自信心，培养良好情绪，增加幸福感和成就感。好的志愿助残服务活动，不仅可以“助人”，更可以“自助”，促进志愿者产生积极的情绪，保持身心愉悦和积极向上的生活态度。

志愿者参与助残服务活动，要理性看待，从容应对各种各样的复杂情况，做好应对挫折、挑战和压力的准备，通过参与助残服务，使自己的心态更成熟。

1. 突破思维习惯的限制

志愿者不仅在思想观念上要有所提升，在行为习惯上有所改变，还要突破心理认知的局限。要使助残服务获得圆满的、社会共同期待的结果。

志愿助残服务不一定都是轻松、顺利、愉快的，志愿者可能遇到某些不可预见的意外、事故、冲突等，这些意想不到的情况会给志愿者带来压力。

比如：志愿助残服务可能是比较固定的持续服务，志愿者还有自己日常的工作、学习和生活，相互之间可能会发生冲突。如果不参加服务，会感到自己“不守承诺”，在道德上容易自责；但如果参加服务，占用时间过多，影响生活，常常会顾此失彼、进退两难。

辛苦是必修课，志愿者要有充分的思想准备，在服务之前就做好吃苦耐劳、应对困难、抵抗压力的心理准备。志愿者参与服务期间，要尽快融入团队，互相支持，互相协作，积极锻炼才干，提升自我价值，相互激励，消除负面因素的影响。

志愿助残虽然是支持性的服务，也有品质的区别，需要志愿者主动摒弃对残疾人刻板、片面的印象，面对服务对象，不能一厢情愿、“想当然”，应竭力淡化、消除片面的同情、怜悯心态。残疾人若意识到志愿者有居高临下的心态，有了不被尊重的感受，会产生抗拒心理，导致志愿者所有自认为“尽心尽力”的服务都将变得没有价值。

比如，有些肢残人非常抗拒别人触碰自己的身体和用品用具；有的视力残疾人坐、立、行走姿势带有“盲态”，有的视力残疾人挥舞盲杖的幅度比较大，可能让一些初次服务的志愿者有些不知所措，遇到这类情况，从心理上就产生了距离。

志愿者可以通过学习和服务实践，掌握必要的技能技巧，提升有效沟通的能力。服务过程也是双方在共同构建合作关系。志愿者应怀着良好的心愿和饱满的热情，用平常的心态和平等的态度对待残疾人，与之交往，并理解、接纳其习惯和行为特点。

某街道组织残疾人活动，志愿者发现，一位视力障碍的朋友尽管天气较热也戴着帽檐很突出的帽子，与他熟悉之后便善意地劝他摘掉帽子，这位残疾朋友说：“我所患的眼疾，眼球如果被碰撞就要出危险了，我来到陌生地方，不清楚眼前有没有障碍，万一被撞、后果不堪设想！所以，用帽檐作为一种保护。”志愿者后悔自己的无知，赶紧表示歉意。这位志愿者之后与同伴分享的经验就是：要突破“自以为然”的习惯思维，用恰当的方式与服务对象建立沟通，构建信任关系，服务才能达到良好的效果。

2. 提升自我管理水平，适应并克服压力

心理学研究表明，适度的压力有助于挑战自我，挖掘潜力，提高效率，激发创造性，而过度的压力，将会引起负面情绪，甚至引发生理方面的疾病，或影响工作。志愿者要以积极的态度，锻炼自己的适应能力，保持良好的心态。应该明白，遇到压力是正常的，克服压力是在促进成长，要学会在服务过程中适应压力，提升抗压能力，这就是成长。

一是遇到压力，难以适应的时候，不必反复纠结问题本身，而是尝试找到压力的平衡点。量力而行，给自己的压力要适度，尽量不要去挑战力所不能及的事情。

二是在自己难以化解、理清问题时，要主动获取社会支持。同学、老师、管理人员、家庭、朋友都是社会支持网络的重要组成部分，当志愿者压力过大时，与同学、老师、管理人员，或家人朋友多谈心，多沟通，简单的倾诉，就有助于减少和缓解压力。

三是寻求专业帮助。主动倾诉是非常重要的减压方式，比如找心理咨询师，一些不愿意对同学、老师、家人说的事情，可能跟心理咨询师说会比较安心。这种倾诉的过程就是释放压力的过程，同时也可以获得有效的帮助和指导。

3. 科学的自我减压方法

一是将复杂的问题简单化。学会正确地分解目标，学会正确调节自己的心态和情绪，享受志愿服务的经历，不愉快的事情要拿得起、放得下。

二是建立合理的信念。志愿者可以列出引发不良情绪的事件，找出导致不良情绪的非理性观念并予以纠正，树立合理的观念，改善情绪。

三是学会控制情绪的方法，例如恰当地宣泄和转移不良情绪、积极的自我暗示和自我安慰等。

更重要的是，要掌握培养乐观情绪的方法，例如经常记录自己的收获，在工作中不盲目攀比，增强审美情趣，积极关爱他人……肯定会让你每天都有好心情！

4. 提升心理素质，增强抗压能力

一是事前做好充分准备。在决定做助残志愿者之前，首先要对自己做一个实事求是的评估：现阶段我的人生重心是什么，从事志愿助残服务的自我预期目标是什么，我能实现这个目标吗？为此我需要付出什么代价？是时间、金钱、精力、机会、体能还是智能，我舍得付出这样的代价吗？这个岗位适合我吗？为什么？

一旦做出决定，就要信心饱满，勇于克服困难，面对压力。需要加强学习新知识，掌握新技能，树立新理念，提高综合素质。

有心的助残志愿者，会注意收集与残疾人有关的信息，根据自己的服务方向、所在的岗位需求，了解相应的资料，比如学习简单的手语，将生活日常活动绘制成图片，以便与有表达障碍的残疾人交流，残疾人只需要指点图片就可以表达需求。

二是服务过程中保持平常心，从容应对压力。助残志愿者不要太担心自己能力有限，也不要以为稍有疏忽就会伤害到残疾人，用对待平常人的方式与服务对象交往才是最佳状态。你的平稳、良好的心态，才是服务成功的关键。

遇到困难时，志愿者自己先要保持心平气和，冷静应对、理性思考并积极寻求帮助，在不伤害自己和他人的前提下，在组织或者团队的配合支持下，选择妥善的解决方法。

三是事后调适，消除影响。遇到困难或者挑战之后，志愿者个人也要及时调适，逐渐化解压力带给自己身体、心理、工作和学习的不利影响。给自己必要的放松、休息与调整。有一些对志愿者冲击比较大、影响比较深、造成心理负担的事件，事后要寻求必要的社会支持，向亲友、专业人员寻求帮助，防止负面情绪持久化，影响生活。

此外，也要分析压力产生的原因，评估应对策略及其效果，总结经验教训，增强自信心和危机处理能力，以便迎接新的挑战。

5. 提升抵抗挫折和压力的能力

挫折感是指在个体从事有目的的活动过程中遇到障碍或干扰，致使个人动机不能实现、需要不能满足时的情绪状态。导致挫折感的因素有：客观因素，包括自然环境和社会环境，如自然环境的时空限制、社会环境的人为限制等；主观因素，包括个人的所具备的条件和个人的动机冲突。

（1）正确面对挫折感

挫折是普遍存在的，挫折一方面是负面的，令人不快；但另一方面又是积极的，给人以教益，使人认识错误，接受教训，磨炼意志，可以使人更加成熟、坚强，在逆境中奋起。合理运用挫折防卫机制，可以有效地缓解情绪上的不适，提高个体对挫折的承受能力；积极运用挫折防卫机制，还可以促使个人面对现实，积极进取，战胜挫折，获得进一步发展。

（2）应对挫折的处理方法

一是想一想。换个角度讲，这是对意志、决心和勇气的锻炼，是对综合实力的检验。人总是要经过千锤百炼才会成熟起来，重要的是吸取教训，不犯或少犯重复性的错误。

某次志愿服务活动后，按照分工，两位志愿者专门负责用短信向每一位参加当天服务的志愿者表达感谢，一位认为应该先向活动的负责人和组织者表达敬意。另一位不同意，认为他们本身是“领导”，所有的付出都是应该的，必须先去关心那些第一线服务的志愿者，两人争执不下，不欢而散。经过一段时间的思考，两人再次见面，平心静气地探讨一番，统一了认识。志愿服务组织的“领导”也是志愿者，可能付出了更多的时间和精力，也没有获得更多的利益，他们用自己的亲力亲为，带动鼓励更多的人参与志愿服务，是应该给予激励和支持的。

二是比一比。及时调整心态，不因小败而失信心，不因小挫而失锐气。确认自己的优势和特长是否都得到充分发挥，找找别人的长处，取长补短。人生的转折往往始于失败，使人猛醒、冷静、理智和振作，使生命之帆重新扬起。

一次服务活动中，某位志愿者抱怨自己的岗位冷清，半天下来几乎无所事事，好像负责人故意忽略自己，分配冷门岗位给自己，自认为在团队内地位不高，没有受到重视。她将这些想法告诉伙伴，没有获得同情，伙伴还埋怨她矫情。当负责人知道她的情绪之后，没有解释也没有批评，而是带着她看看其他志愿岗位的情况。这位志愿者虽然心气不顺，但还是跟着看了一遍服务全流程，发现其他伙伴头顶烈日不厌其烦地宣讲，有的志愿者午饭都顾不上吃，有的志愿者半天喝不上一口水，敬业专注的程度远远超过了自己，心中怨气立时烟消云散。感到羞愧的同时也感悟到，许多自己认为千真万确的道理，其实是出于对他人、对事件本身的不了解，改变思维片面的习惯是她参与这次志愿服务活动最大的收获。

三是放一放。如果不是急事、大事，索性放下，不去管它，过几天或许会有更清醒的认识、更合理的打算。重要的是把握好眼前的时光，莫让它白白流逝。必要时甚至可以放弃原来的打算，重新安排其他事情。有得必有失，想在方方面面都有建树很难，经过慎重选择，得到的会心安理得，失去的会心甘情愿，没有紧张和焦虑，也没有沮丧和失望。

一次残疾人演出活动，有智力残疾的孩子登台演出，其中一位由于过度兴奋，躺倒在舞台上，距离最近的志愿者跑步上前，一把拽起残疾孩子，原以为是在救场，可孩子当场大闹起来，家长也过来谴责志愿者，负责人赶紧道歉，一时间场面甚是混乱。这位志愿者万分自责，认为是自己搞砸了这一切，有点心灰意冷，甚至想退出组织，再也不参加志愿者服务活动。负责人看到她的情绪受到影响，劝她改时间再聊这个事。经过两天平复，这位志愿者的郁闷心情有所缓解，伙伴们在负责人召集下，一起和她总结服务情况，谈起当天的情况，这位志愿者也能够从容面对，有条理地分析自己出问题的原因，大家认为她主观上并没有错，只是缺乏必要的培训和服务经验，责任由负责人承担。这位志愿者认为这次经历对于提升自己的服务能力和专业素养具有重要意义。

四是让一让。常有这样的现象：狭窄的街口桥头，几辆汽车挤作一团，互不相让，谁也过不去。若有几辆车风格高一点，先退出来，所有的车辆就都可畅行无阻。人生也是这样，姿态高一些，眼光远一点，从长计议，不在一时一事上论长短，退一步海阔天高。

两只羊迎面过独木桥，需要一方谦让才能通过，不然都会掉下深渊或者冻饿而亡。理性的人都知道，谦让的一定是心中有所牵挂、幸福指数更高的一方，能够放下争执，后退一步常常是生活幸福，愉悦感强的人。

志愿者遇到压力和挫折是难免的，需要对自己的志愿服务行为高度认同，深刻体会到其中的人生价值和社会意义，坚定自己志愿公益、服务奉献的信仰，“做平凡事，怀高远志”，认同自己的志愿行为并由衷地感到自豪与骄傲，会产生自我激励的力量，从容面对任何压力与挫折。

志愿服务会使志愿者的心灵获得成长，阅历更加丰富，人格更加健全。相信更多的志愿者经过了助残实践的锻炼，会更有自信心、更有责任心，会更加完善和成熟，充满善意，不仅用自己与人为善的言行服务社会，还会影响、感染身边的人，成为社会和谐的促进者。

随着志愿助残服务的普及，社会支持对残疾人来说像呼吸一样自然，现代文明社会的残疾人观深入人心，在开放、文明、尊重生命的社会里，平等、参与、共享的目标一定能够实现。

第四节　构建无障碍环境

2020 年 9 月，习近平总书记在湖南考察并主持召开基层代表座谈会。帮助一千多名村民脱贫致富的轮椅女孩杨淑亭参加了座谈会。“再次见面，我也很高兴，为你自强不息的精神而钦佩！”

听了杨淑亭代表残疾人的发言，习近平总书记表示，“不断满足人民群众对美好生活的需要，必须保护好残疾人权益，残疾人事业一定要继续推动。你提到的无障碍设施建设问题，是一个国家和社会文明的标志，我们要高度重视。”无障碍环境建设是残疾人充分享有平等权利和合法权益的重要基础，是残疾人平等、充分、便捷地参与和融入社会生活的重要条件，是促进残疾人全面发展和共同富裕的重要保障。

从 1989 年颁布实施《方便残疾人使用的城市道路和建筑物设计规范（试行）》以来，我国无障碍环境建设已经有三十多年的历史。特别是经过新时代十年的伟大变革，在以习近平同志为核心的党中央坚强领导下，在政府部门主导下，残联组织、社会各方面广泛参与，我国无障碍环境建设取得历史性成就、发生历史性变革，为包括残疾人在内的全体社会成员参与融入社会生活、共享改革发展成果发挥了重要作用，展示了我国经济社会发展和人权保障的成就。

《中华人民共和国无障碍环境建设法》（以下简称无障碍环境建设法）于 2023 年 6 月 28 日由第十四届全国人大常委会第三次会议审议通过，国家主席习近平签署第 6 号主席令发布，自 2023 年 9 月 1 日起施行。无障碍环境建设法共 8 章 72 条，坚持以人民为中心的发展思想，立足国情实际，建立健全无障碍设施建设、信息交流、社会服务等方面的法律制度，保障残疾人、老年人平等、充分便捷地参与和融入社会生活，促进社会全体成员共享发展成果。这是一部解决残疾人、老年人急难愁盼问题，提高公共服务水平的法律。

一、制定无障碍环境建设法的重要意义

在全面贯彻落实党的二十大精神开局之年和全面建设社会主义现代化国家新征程起步之年，国家出台无障碍环境建设法，以“小切口”立法保障残疾人、老年人合法权益，促进社会全体人员共享经济社会发展成果，展现出“大价值”。无障碍环境建设法和残疾人保障法如鸟之两翼、车之两轮，将在新时代新征程上为残疾人事业高质量全面发展提供更加有力的法治保障。

制定无障碍环境建设法是坚持以人民为中心发展思想的重要体现。习近平总书记指出，推进全面依法治国，根本目的是依法保障人民权益。我国有 8500 多万各类残疾人，随着人口老龄化持续加深，人们对无障碍环境的需求更加迫切和广泛。无障碍环境建设法积极回应人民群众新要求、新期待，坚持问题导向、目标导向，系统研究谋划和解决无障碍环境建设领域存在的突出问题，在立法宗旨明确提出，无障碍环境建设的目标，是保障残疾人、老年人平等、充分、便捷地参与和融入社会生活，促进社会全体人员共享经济社会发展成果，充分体现坚持以人民为中心发展思想的根本立场。无障碍环境建设法把坚持为了人民、依靠人民有机融入法律条款，注重人民群众参与，拓宽意见征询、体验试用、监督管理等渠道，让残疾人、老年人成为无障碍环境建设的最广参与者、最大受益者和最终评判者，推动全社会共建共治共享。

制定无障碍环境建设法是健全残疾人权益保障制度的重大举

措。尊重和保障人权，不断提升人权法治化保障水平，是中国共产党人的不懈追求。党的十八大以来，以习近平同志为核心的党中央高度重视残疾人权益保障，把保障残疾人合法权益纳入国家人权行动计划，残疾人权益保障成就是我国人权事业全面发展进步的生动展现。但也要清醒认识到，当前歧视残疾人的现象依然存在，残疾人平等参与和融入社会生活仍面临种种障碍，不利于残疾人充分享有经济、文化、社会、环境等各方面权利。无障碍环境建设法着力促进残疾人权益更有保障，规定残疾人集中就业单位和用人单位开展就业场所无障碍设施建设和改造，促进残疾人就业；规定加强教育场所的无障碍环境建设，要求各类学校组织的统一考试为有残疾的考生提供便利服务，鼓励编写、出版盲文版、低视力版教学用书，保障残疾人受教育的权利；弥合“数字鸿沟”，让残疾人共享美好数字生活；规定为残疾人选民参加投票提供便利和必要协助，保障政治权利。无障碍环境建设法为促进残疾人全面发展和共同富裕奠定更加坚实的基础。

制定无障碍环境建设法是促进残疾人事业全面发展的重要机遇。习近平总书记指出，在中国式现代化进程中，将进一步完善残疾人社会保障制度和关爱服务体系，促进残疾人事业全面发展。良好的无障碍环境是推进中国式现代化的必然要求，是促进残疾人事业全面发展的重要途径。习近平总书记指出，各级党委和政府要高度重视残疾人事业，把推进残疾人事业当作分内的责任。无障碍环境建设法明确坚持党的领导，进一步压实各级政府的主体责任，发挥政府主导作用的管理体制，调动市场主体积极性，引导社会组织和公众广泛参与。同时规定残联依照法律、法规以及章程，协助各级人民政府及有关部门做好无障碍环境建设工作；残联可以聘请残疾人代表对无障碍环境建设情况进行监督。这对残联组织进一步发挥桥梁纽带作用，更好地为残疾人解难、为党和政府分忧提出了更高更具体要求。无障碍环境建设法的实施将更加密切残联组织与政府、社会、市场、残疾人的联系，凝聚推动残疾人事业全面发展的强大合力。

二、无障碍环境建设法的主要内容

无障碍环境建设法第十条规定，国家鼓励和支持企业事业单位、社会组织、个人等社会力量，通过捐赠、志愿服务等方式参与无障碍环境建设。科学把握无障碍环境建设法的主要内容，有助于促进志愿服务和无障碍环境建设的双向融合发展。志愿助残服务要承担起普及无障碍环境知识、传播无障碍环境文化的责任和使命，提升全社会的无障碍环境意识。

1. 明确无障碍环境建设的定位、原则和管理体制

一是妥善处理保障重点与惠及全体的关系，明确无障碍环境建设在重点保障残疾人、老年人的基础上，积极推动建设成果惠及全体社会成员，包括：在立法目的中明确“保障残疾人、老年人平等、充分便捷地参与和融入社会生活，促进社会全体人员共享经济社会发展成果”；在适用范围中规定，“残疾人、老年人之外的其他人有无障碍需求的，可以享受无障碍环境便利”。二是明确无障碍环境建设应当与适老化改造相结合，遵循安全便利、实用易行、广泛受益的原则。三是明确坚持党的领导，突出政府主

导，对无障碍环境建设的管理体制做出规定，县级以上人民政府应当统筹协调和督促指导有关部门做好无障碍环境建设工作；住房和城乡建设、民政、工信、交通运输等主管部门应当按照职责分工，开展无障碍环境建设工作；乡镇政府、街道办事处应当协助做好无障碍环境建设工作。特别是明确了残联推进无障碍环境建设的法律地位，明确规定残疾人联合会、老龄协会等组织依照法律、法规以及各自章程，协助各级人民政府及其有关部门做好无障碍环境建设工作。

2. 系统规定无障碍设施建设、改造、维护和管理的相关制度

一是严格确保无障碍设施建设质量，包括：明确新建、改建、扩建的居住建筑、居住区、公共建筑、公共场所、交通运输设施、城乡道路等应当符合无障碍设施工程建设标准；规定无障碍设施应当与主体工程同步规划、同步设计、同步施工、同步验收、同步交付使用，并与周边的无障碍设施有效衔接、实现贯通；对建设单位、设计单位、施工单位、监理单位等在无障碍设施建设中的职责作出明确规定。二是强调重点单位、区域、场所等配套建设无障碍设施的义务。比如明确要求残疾人集中就业单位、居住区公共服务设施、部分地区的人行道路系统、停车场等应当配套建设相应的无障碍设施。三是对无障碍设施改造作出系统性规定，包括：要求政府制定有针对性的改造计划并组织实施；明确无障碍设施改造责任人；对不具备改造条件的，规定采取替代性措施；对家庭无障碍设施改造、老旧小区既有多层住宅加装电梯等重要问题作出专门规定。四是针对“重建设轻维护”突出问题，对无障碍设施的维护和管理作出明确规定，包括：明确维护和管理责任人，对其所承担的维护和管理职责作了列举；对非法占用、损坏无障碍设施等行为作出禁止性规定，并明确了相应法律责任。五是明确通过意见征询、体验试用等方式，保障残疾人、老年人参与无障碍设施建设。

3. 丰富无障碍信息交流内容

一是明确政府及其有关部门应当为残疾人、老年人获取公共信息提供便利；采取无障碍信息交流方式发布突发事件信息；要求药品生产经营者提供无障碍格式版本的标签、说明书。二是对利用财政资金设立的电视台、网站、移动应用程序以及图书馆、博物馆、电信业务经营者等提供无障碍信息的义务做出规定。三是明确要求硬件终端产品、自助公共服务终端设备、便民热线、紧急呼叫系统等应当具备或者逐步具备相应的无障碍功能。四是完善鼓励支持措施，包括：鼓励图书、报刊配备无障碍格式版本；鼓励编写、出版盲文版、低视力版教学用书；鼓励地图导航定位产品完善无障碍设施标识和无障碍出行路线导航功能；鼓励药品以外的其他商品经管者提供无障碍格式版本的标签、说明书。五是对国家通用手语、国家通用盲文的推广、采用作出要求。

4. 扩展无障碍社会服务范围

一是规定公共服务场所提供无障碍服务的要求，对涉及医疗健康、社会保障等服务事项的，明确要求保留现场指导、人工办理等传统服务方式。二是对与社会生活密切相关的公共服务、司法诉讼仲裁、公共交通、教育考试、医疗卫生、文旅体育等方面的无障碍服务分别作出有针对性的规定。三是新增应急避难场所提供无障碍服务的义务性规定。四是完善残疾人使用服务犬的相关规定。

5. 健全无障碍环境建设保障机制

一是明确县级以上人民政府应当将无障碍环境建设经费列入本级预算，建立稳定的经费保障机制。二是加强无障碍环境理念的宣传教育，提升全社会的无障碍环境意识。三是积极构建无障碍环境标准体系，建立健全无障碍环境认证和信息评测制度。四是采取措施促进新科技成果运用，支持无障碍设施、信息和服务的融合发展。五是将无障碍环境建设情况作为文明城市、文明村镇等创建活动的重要内容。

6. 完善无障碍环境建设监督制度

一是对政府及有关部门的监督检查、考核评价、委托第三方评估、信息公示、投诉举报处理答复等相关工作机制作出明确规定。二是明确任何组织和个人有权提出加强和改进无障碍环境建设的意见和建议，对违反本法规定的行为进行投诉、举报。三是规定残联、老龄协会等组织可以聘请相关人员，对无障碍环境建设情况进行监督。

第五节　为助残志愿者构建支持体系

志愿者发自内心、自觉、自愿地参与到志愿助残服务之中，这种精神是非常宝贵的社会财富，也是志愿服务活动可持续发展的前提。如果得不到关注和保护，不仅会伤害志愿者个人的积极性，对志愿服务事业、对社会和谐发展都是不利的。

2008年北京奥运会、残奥会的志愿者工作的组织者，就已经意识到全方位关心、支持志愿者不仅是非常必要的，而且应当作为志愿服务活动的重要组成部分，不仅要在物质上保障，也要在心理上给予支持。奥组委志愿者部尝试建立了志愿者支持体系，在志愿者培训阶段纳入心理专题的内容；志愿者进入场馆服务期间，在专业老师的参与下构建团队，互相激励支持；志愿者部专门印制了心理支持小手册，发给每一位志愿者，提供心理指导；同时培训一批心理专业志愿者，建立心理支持热线，每天接听数十位志愿者的来电倾诉，用专业的方法疏导志愿者情绪，缓解志愿者的压力，鼓励志愿者增强克服困难的能力。使得广大志愿者在投身服务的过程中，始终感受到团队和组织的理解和支持，增强克服困难的信心。

（一）关心、保护志愿者是全社会的责任

全社会都应该树立关心、爱护志愿者，珍惜、呵护志愿者的责任意识，特别是志愿者组织和管理机构要维护好志愿者的服务、助人热情，体谅志愿者的现实困难，理解他们遇到的困扰，维护志愿者的合法权益，尽其所能提供一切必要的物质保障、心理支持和团队援助，给予志愿者恰当的表彰激励，营造良好的公益服务氛围，保护他们的服务热情和积极性。实事求是，不以过高的道德标准苛求志愿者；循循善诱，提升志愿者无私奉献的境界。

志愿服务组织和管理机构负责人要坚持以人为本地开展志愿服务工作，需要对“志愿”的意义、作用和价值有更深入的理解，才能够行稳致远。切忌只关心“事”而忽略“人”，只关心被服务

者而忽略提供服务的志愿者。

志愿者组织和管理机构要用理性严谨的态度发起、组织和推动志愿者服务活动，力争在服务全过程中维护志愿者的权益，激励和维持志愿者的热情。

某城市遇到意外灾害，因为对危害情况不明了，一时间，社会陷入恐慌，不少原来秩序井然的事情变得混乱起来。有专家和学者认为这是志愿者彰显价值、发扬奉献精神的好时机，应该号召志愿者不畏惧风险，冲上前去，在关键时刻体现志愿者价值，用道德引领、启发全社会的责任感。也有人认为需要慎重，发出呼吁的组织和个人需要有能力承担责任，提供保障，不具备这些条件的，不要出面号召、组织和推动志愿者参与有风险、无保障的服务。

有些志愿者在特殊情况下，自觉自愿，奋不顾身，精神可嘉，应当得到社会赞赏和尊重。但是作为志愿者组织，在任何情况下，尤其是急难险重的情况下，保护志愿者的安全永远是第一位的。在组织者还不了解信息、对风险一无所知、可能出现无谓牺牲的情况下，最好不要盲目动员号召志愿者“越是艰险越向前”；在没有必要的保障和支持条件下，也不能单方面要求志愿者毫无怨言，独自面对困难、挫折和压力；不能片面地用较高的道德标准要求、鼓动志愿者勇于奉献，追求个人价值。只有在理性前提下的志愿服务才能健康顺利地发展。

不少国家专门制定了对志愿者的优惠与保护政策。我国 2016 年 3 月 16 日，第十二届全国人民代表大会常务委员会第四次会议通过《中华人民共和国慈善法》；2017 年 6 月 7 日，国务院第

175次常务会议通过了《志愿服务条例》，将保护志愿者的合法权益用法律、法规的形式明确进行了规定。我国志愿者的保障支持系统在逐渐形成法治化、专业化的机制，促进了志愿者的社会地位的提高，使志愿者获得更多的尊重，推动志愿服务事业全面可持续发展。

志愿者组织和管理机构，尤其是志愿活动的发起者和组织者，要承担志愿者服务过程中的责任和后果。我国《慈善法》规定："慈善服务过程中，因慈善组织或者志愿者过错造成受益人、第三人损害的，慈善组织依法承担赔偿责任；损害是由志愿者故意或者重大过失造成的，慈善组织可以向其追偿（第一百零六条）。"志愿服务组织和管理机构要主动对志愿者在服务过程中发生的问题和产生的后果承担责任。

（二）依法保障助残志愿者的合法权利

志愿者服务、奉献的行为是在完善社会服务、解决社会问题，应该理解为在实际上承担了社会责任。

某城市疫情期间，一位司机夜间遇到一位下班的医护人员，好心载她回宿舍。这位司机了解到，不少医护人员都有夜班后回宿舍困难的问题，便自愿承担夜间接送医护人员的服务，进而引发不少人的响应，组成志愿车队，义务接送医护人员。后来又发现，下夜班的医护人员都吃不上热饭，又决定继续延伸服务，得到当地街道的支持后，由专门的饭馆提供餐食，满足了医护人员的需求。虽然是"志愿"引发的服务，承担的却是社会责任，弥补了一时的社会服务缺失。有关部门迅速"接管"，将这些纳入社会服务，弥补服务的缺失，使得社会服务更加完善。

事实上，志愿者才是志愿服务过程中的核心要素。志愿者在参与服务活动之前，都要明确自己的能力、责任和服务目标。志愿者的行为高尚，不收取任何报酬，值得称赞。同时也要注意，这并不代表志愿者在参与志愿服务过程中没有任何诉求。在参与服务的同时，也要充分关注自己的正当权利。

政府、社会以及志愿服务组织和管理机构，包括志愿服务对象，需要理解、尊重、关心、关爱志愿者，尊重志愿者提供的服务，尊重和保障志愿者的合法权利，关心、关爱志愿者，解决志愿者的后顾之忧，才能鼓励志愿者更加热心于志愿服务事业。

任何人都不得强迫志愿者从事危害其人身安全的活动。

任何人都不得对志愿者进行侮辱、诽谤和歧视。坚决杜绝志愿者“流汗、流血又流泪”现象的发生。

志愿者对所从事的志愿服务信息应有足够了解，包括风险程度、服务领域、服务内容、服务对象等。

志愿者有获得教育和培训的权利。志愿者在志愿服务前，有权要求接受与其服务行为相关的知识、服务技能等培训，以便更好地从事志愿服务活动，保证志愿服务的质量。

志愿者因志愿服务受到伤害或遭遇困难时，应优先获得经济、医疗、法律的帮助等。

在志愿服务过程中，志愿者、志愿者组织、接受志愿服务的组织或者个人如果发生争议，志愿者正当权利受到损害，可依法向人民法院提起诉讼。志愿者组织应当支持受损害的志愿者要求有关组织或个人赔偿损失，并提供必要的帮助。

志愿者有权监督志愿组织章程的落实，志愿服务活动的进程，志愿服务经费的筹集、使用和管理等，以保证其合法性和有序性。

志愿服务机构和志愿者服务的组织者，不仅要为志愿者提供服务平台和机会，更要从促进志愿服务事业长远发展的高度，关心爱护志愿者，为他们营造良好的社会环境和服务氛围。

志愿者需要接受培训、指导和安全教育，提高自我防范意识，掌握必备的自救、自卫知识和技能。

志愿者组织和管理机构，尤其是服务活动发起方，必要时要与志愿者个人、志愿者所在单位签署协议，明确双方的权利与义务。应根据需要为志愿者购买人身意外伤害险和公共责任险、意外事故保险等。

目前，志愿助残服务的社会环境还有较大的改善空间，志愿助残服务工作在制度、服务标准规范的建设，管理的现代化，服务体系的完善等方面，还存在一定的问题。

志愿助残服务的参与率与志愿服务参与率相比，不升反降；助残服务供给力量不足，残疾人的需求与服务供给不能有效对接；缺少专业技能、未经系统培训的志愿者会影响志愿助残的服务效果等。现代文明社会的残疾人观尚待深入宣传，人们对助残的知识、技能的了解需要普及，对于助人态度、志愿精神、公益理念的理解还需要深化等。

通过志愿助残服务活动，在全社会深入传播正确的残疾人观，消除对残疾人的歧视和偏见，这才是志愿助残服务的根本任务。

第二篇

志愿助残知识与技能

进入新时代，志愿、公益和慈善文化更加深入人心，越来越多的志愿者关注残疾人，投身助残服务，志愿助残的范围和规模正以超越人们预期的速度发展。志愿者在为残疾人提供服务时，也迫切感到，需要专业的知识和技能的支持。

2006 年，联合国通过了《残疾人权利公约》，“权利模式”的残疾人观念得到普及，志愿者为残疾人服务，强调尊重和平等的理念，秉持支持为主的原则，有关志愿助残的礼仪、知识和技能，也建立在这些理念和原则基础上。

助残服务礼仪知识

礼仪，是人们在社会交往中为了表示相互尊重，在态度、仪表、言谈、举止等方面，约定俗成和共同遵守的行为规范，包括礼节、礼貌、仪态和仪式等内容。

礼仪是人们在长期的生活和相互交往中逐渐形成的，并且以风俗、习惯和传统等方式固定下来，是社会文化的表达形式。对个人来讲，礼仪体现了一个人的思想道德水平和修养；对社会而言，礼仪代表了一个国家的社会文明程度、道德风尚。因此，人们可以通过约定俗成的礼仪规范，正确地把握人际交往尺度，妥善地处理人与人的关系。在社会活动中讲究礼仪，举止高雅，穿着得体大方，人可以变得更文明、更有魅力。礼仪甚至会影响社会关系的和谐。

第一节　助残服务礼仪的基本原则

一、律己敬人，传递善意

礼仪行为建立在个人文化修养的基础上，只有发自内心相互接纳、真诚相待的表达，才能体现出礼仪的价值。助残礼仪不仅要求志愿者保持良好的态度和言谈举止，服务双方保持友善，建立良好的互动关系，更为关键的是，志愿者要做到“律己敬人，传递善意”，使得服务在“双舒双然”（服务双方都舒服、自然）的氛围中进行。

如果没有对残疾人的理解和接纳，尊重也就难以体现，形式上的“礼数”缺乏真诚，就没有意义。

某位志愿者平时吸烟，第一次引导一位视力残疾人时，身上的烟味引起残疾人的注意。得知视力残疾人不喜欢烟味，这位志愿者再次服务前特意更换了衣物，当天不吸一口烟，还嚼了口香糖。在陪伴期间，空闲时间也坚决不吸烟。残疾人得知后非常感动，多次在朋友和众人面前表达敬意，认为这样的志愿者是律己敬人的典范。

二、尊重他人，平等相待

在中国文化传统理念中，为他人服务要热情周到，才是尽到礼数。服务残疾人时还应注意，既要让接受服务的残疾朋友感受到温馨和舒心，又要让他们感受到志愿者发自内心的尊重，维护被服务者的尊严，服务才到位。

志愿者应该了解，无论掌握了多少专业的技能、技术，都不如饱含真诚更打动人，内在的诚挚与尊重是最有魅力的，尊重基础上的助残才最得体。

有位明星在一次活动中，一边向前走一边与路两旁的粉丝逐一击掌，忽然看到不远处有一只截去数根手指的残掌在向自己轻轻挥舞。一般人可能会感到惊愕，甚至回避，但是这位明星没有丝毫犹豫，直接走过去握住这只残缺的手，并夸张地用力摇了摇。虽然违反了“不宜触碰残疾人身体”的“规则”，可这种接纳的态度、毫不迟疑的动作，不仅没有让旁观者感到突兀，反而彰显了明星对这位残疾人粉丝的尊重。

三、消除障碍，支持为主

志愿者为残疾人创造良好的环境，不一定要以身体接触的方式提供帮助。在残疾人不经意间，志愿者已经清理好道路，打开了大门或电梯，也是在提供帮助。消除环境中的障碍，便于残疾人自主行动，这是助残服务特别提倡的。让环境对残疾人的限制减到最少，才是对残疾人最大的支持。

为残疾朋友提供服务应尽量做到“向物不向人”，这也是助残礼仪，充分体现对人的尊重。

某宾馆举行座谈会，其中一位来宾乘坐轮椅。宾馆负责人并没有指派某一位服务员贴身陪伴来宾，而是自己先坐轮椅模拟体验来宾参会的感受，之后做了一系列安排。当乘坐轮椅的来宾到达宾馆时，预留的停车位离大门最近，下车即是坡道，可通过自动门进入大厅，电梯指示明显，一路畅通来到会场。来宾的座位没有摆放椅子，轮椅可直接入席，不仅横向空间足够，桌子下面的容膝空间也很充分。来宾查看了一下厕所，不仅离会场不远，而且设有无障碍厕位。遇到的服务员都会微笑打招呼，对待自己与接待平常顾客无异，没有人对他过度关心或过度呵护。这位残疾人来宾不由得感慨，这真是一次舒服、放松、愉快的外出活动。

四、理性服务，恰到好处

在志愿助残服务过程中，志愿者应尽可能做到，对服务对象既不冷漠相对，也不热情过度，过度热情也是一种“不平等”。

在我们的日常生活中，碰到残疾朋友，许多人抱着奉献爱心的想法，往往会不由分说地伸出热情的双手包办代替，即使残疾人婉拒也“坚持不懈”。一些遭到拒绝的热心人还会感到不解，埋怨残疾人不通人情。其实，在帮扶之前，我们首先要想到，残疾人是否需要我们的帮助，我们提供的帮助是否恰当。其次，当我们伸出援手时，是否关注和维护对方的尊严。

有一位坐轮椅的朋友去某大学参加一个会议，会议室在二楼，她到了大厅才发现，这边恰好没有电梯，需要绕道上电梯。服务会议的志愿者看到她为难，就大声招来七八个小伙子，抬起轮椅直送二楼，放下轮椅之后，志愿者们在欢呼声中散去。事后这位坐轮椅的朋友说：“我知道志愿者是在表达他们的热情，但是在众目睽睽之下，这么多人急速向我奔来，我忽然成为大厅之中的焦点，特别有压力，被人抬轿子一般抬上二楼，心里也很不舒服……”

这种直截了当、不由分说的帮忙，虽然热情可以理解，但是不是有点一厢情愿呢？而且，在无形中突出了残疾人的“不便”和“短处”，这样的帮助只会使残疾人感到不适。

五、尊重残疾，提供便利

在与残疾朋友接触的过程中，要尽可能“忽略”对方的残疾。

与残疾朋友初识、交流时，一般不要主动谈及致残原因和涉及对方残疾的问题，不过要多注视对方的残疾部位，不要过分关注残疾的“不便”与“不同”。

有的志愿者为了拉近与残疾朋友的感情，常常初次相识就主动说“怎么受的伤啊？”“得的什么病？”“在哪里做过治疗？”“还有康复的希望吗？”“要不我给你介绍医院或者医生吧”。虽然这都是出于善意，但在双方还不够熟悉的情况下，尽量不要主动涉及此类话题。

当然，面对残疾人时也没有必要过度小心谨慎、过分客气，处处呵护，事事关照，仿佛对方脆弱不堪，志愿者需要保持平常心。

六、勤于询问，不断学习

助残服务涉及很多专业知识与理论，志愿者不可能所有涉及的知识都知道、所有助残技术都掌握。因此，志愿者应尽可能做到“不知道，就询问”。

有一次，为了接待境外残疾人代表团，招募了部分志愿者随行服务。一位乘坐轮椅并挂着尿袋的残疾人遇到了台阶障碍，三位志愿者想要帮忙，但语言不通，也不好意思询问翻译，就擅自决定抬起轮椅。没想到轮椅的扶手是活动的，受力后便脱落了，导致轮椅重重摔下台阶，残疾人受轻伤，尿袋脱落，被紧急送往医院。虽然最后有惊无险，但是这件事说明，缺乏沟通和确认的服务会有风险。

志愿者在服务时，应尽可能做到询问在先，既可保障残疾人的安全，也可以为残疾人提供恰到好处的服务。比如与架拐的残疾人同行时，为了方便照顾，可以先征求他们的意见，然后陪伴在适合的位置。

七、理解需要，适宜帮助

很多残疾朋友都有非常强的自理能力，很多事情都可以自己完成。因此，在为残疾人提供服务时，志愿者应遵循“对方不接受就不坚持”的原则。

残联有一位老领导，多年前曾经带队去国外参加残奥会。有一次，他看到一位外国轮椅运动员自己摇着轮椅上坡，显得比较吃力，出于好心就顺手在后边推了一把，原以为会收到笑容或感谢，结果那位运动员转过脸来，非常不客气地“NO、NO、NO”连声拒绝。

当残疾人明确表示不需要帮助的时候，不要一而再、再而三地坚持提供服务，更不要不管三七二十一执意越俎代庖，一厢情愿的“代劳”，可能会适得其反。

八、仔细观察，有求必应

志愿者在为残疾朋友提供服务前，应仔细观察，尽可能做到有求必应。

所谓有求必应是指：如果残疾人向自己求助，无论是否可以帮忙，都要及时给予回应。但是，回应并不意味着所有的请求都一一满足，志愿者只能在法律法规、社会道德许可和个人专业能力的范围之内，以及志愿服务的限定范围内为残疾人提供帮助。对于超出范围的请求，要本着实事求是的原则，向残疾朋友解释清楚。自己力不胜任、专业能力不足时，要恰当说明，或及时转介给相关专业人士。

一位志愿者在宾馆走廊电梯口值班时，遇到一位残疾人叫他进房间。这位残疾人要为同房间的重残人同伴更换尿不湿，他发现同伴身上有红肿，可能会出现褥疮。但同伴身高体胖，一个人翻不动，需要志愿者帮忙。志愿者马上向上级管理者反馈，请随团医生提供帮助，然后返回电梯口守好自己的岗位。

九、用词准确，称呼文明

生活中，许多人常常会用“正常人”与“残疾人”相对应，似乎有了残疾，人就不正常了。

多年前，在一次接待境外残疾人访问团的联欢演出结束时，一位负责人致辞，感慨道：“演出太出色了，与‘正常人’的节目相比也一点都不逊色……”话音未落，一位残疾人举起手说：“我们也是正常人哟！”这句话颠覆了不少人的习惯认知。

类似这些与残疾人直接相关的词汇，有关部门曾做出明文规定，提出了标准和规范：

与“残疾人”对应的词应该是“健全人”，不能用“正常人”；

应使用“残疾人”这一法定称谓，“残障人士”等残疾人乐意接受的称呼可酌情使用；

注明身份时，只用职务或通用称谓即可，类似“北京市民某某”，无须特别强调其残疾人身份；

“残疾人”就是一个群体的概念，不必再用“残疾人群体”这样的表述；

应称“残疾运动员”“残奥运动员”，一般不称“残疾健儿”“残奥健儿”；

应称“孤独症”，不要用“自闭症”；

可称“盲人”或“视障人士”，禁用“瞎子”等贬损称谓；

可称“聋人”或“听障人士”，一般不用“聋哑人”等称谓；

可称“肢体残疾人”或“肢残人士”，禁用“瘸子”等贬损称谓；

不应使用“侏儒”的称谓，通常称呼他们为“个子矮小的人”“袖珍人”；

可称“言语残疾人”或“言语障碍者”，禁用“哑巴”等贬损称谓；

可称“智力残疾人”或“智障人士”，禁用“傻子”“弱智”等贬损称谓；

可称“精神残疾人”或“精神障碍者”，禁用“疯子”等贬损称谓；

英文翻译时，残疾人的英文写法一般用“persons with disabilities（PWD）”。

第二节　助残服务礼仪的基本规范

服务残疾人和其他各类人群时，坚持下面这样的程序都是必要和恰当的。基本行为程序为：一看、二问、三听、四助。

看：观察情况，并不是所有残疾人在任何时候都需要帮助，能够自己来到公共场合的残疾人，临时需要帮助的是少数。志愿者要细心观察残疾人是否需要帮助和服务，大可不必一一询问其是否需要帮助。

问：观察到残疾人有可能需要帮助时，要先询问：

A. 是否需要帮助；

B. 需要什么样的帮助和服务；

C. 怎样提供帮助和服务。

听：要得到肯定的答复，对方提出具体的帮助要求，明确帮助的方法，自己评估是否有能力和必要提供服务。

助：提供自己力所能及的服务和支持。

一、服务视力残疾人的礼仪规范

1. 初次见面先发声

遇到视力残疾人，特别是与视力残疾人初次见面时，距离一两米远时，志愿者就应主动发声提示或者问候，让视力残疾人通过声音了解你正在附近。切忌在视力残疾人毫无思想准备时触碰其身体，或为了表现自己的热情，向着对方大声疾呼，或突然与其握手和拥抱，可能会惊扰对方。

2. 征得同意再服务

未经询问和同意，不要去尝试为视力残疾人士引路。引领者要注意，自己的工作只是引领。

3. 盲杖不能随意碰

不可以随意拿走视力残疾人的盲杖，也不宜牵引盲杖为其带路，既不雅观也不尊重。

4. 陪伴提醒要适时

志愿者在引领视力残疾人的过程中，保证其安全是第一位的，志愿者必须有避险意识，尽量避开车流和人流拥挤处，绕过下垂物体、低矮的树枝、地上的电缆等，也要躲开室内地上的小凸起物、地毯卷边等，或者提醒视力残疾人注意，防止其绊倒。

负责陪伴引领的志愿者要在适当的时机，使用身体动作或者描述性的语言，提示上下台阶、转弯、进出大门、进出电梯、遇到障碍等，语言描述尽量简单明了，不宜过于细致，话语节奏不宜过快。

5. 开门要开全

视力残疾人经常通过的门要完全打开，半开的门、弹簧门可能导致碰伤。一些视力残疾人的眼睛也需要特别防护，要避免磕碰他们的头部。

6. 方位提示要精准

引领视力残疾人，要使用“前”“后”“左”“右”这类明确的方位词，切勿对他们说“来这里”“去那里”，他们会感到很困惑。

7. 声音提示要明了

志愿者与视力残疾人初次见面时，要问个好，先说话，以便对方通过声音认识你。举办会议或活动时，尽可能先请主要领导和嘉宾向大家问好，使视力残疾人能通过声音“认识”领导和嘉宾。

8. 见面、离开时要告知

同时面对几位视力残疾人时，要逐一打招呼，离开时也要告诉他们。

9. 不能干扰导盲犬

陪同视力残疾人的导盲犬是工作犬，它需要随时从主人那里获得指令，并承担安全引导视力残疾人的工作。没有得到视力残疾人的允许，不要抚摸或分散导盲犬的注意力，更不要逗犬和喂食。

10. 随身行李少帮忙

不要坚持为视力残疾人提随身的小行李和手包。

11. 盲人物品不挪动

特别注意不要改变视力残疾人常用物品的摆放位置，比如水杯、汤碗、放大镜等。视力残疾人已经熟知位置的物品，就不要随意挪动。尤其是需要为他们续杯、添加热汤时，杯、碗的位置不改变，可避免造成意外情况。

12. 注意避免强光直射

不同眼病致残的视力残疾人，对光线的要求也不同，如白化病、青光眼病致残的视力残疾人很怕强光，要避免在强烈日光下参加活动，最好带他们到阳光直射不到的地方，或采取其他遮阳、避光措施。

13. 亮度不足细体谅

一些低视力的残疾人，在光线充足之处行动没有问题，似乎与明眼人一样，但是到了光线昏暗的环境中，就障碍重重，看不清楼梯或台阶的高度、玻璃门、地面的水、男女洗手间的标识、商店的价格标签，等等，特别需要志愿者的服务与支持。对此，志愿者应细心观察，及时关注，给予必要的帮助。

总之，对视力残疾人的不同需求和相关常识了解得越深入，就越能提供体贴入微的帮助。

二、服务肢体残疾人的礼仪规范

1. 蹲姿交谈

志愿者与坐轮椅的残疾人、个子矮小的残疾人交谈时，最好采用蹲姿，这样能让双方保持平视，体现平等和尊重。

2. 不触碰身体

与坐轮椅的残疾朋友交流时，不要拍对方的头或者肩膀以示友善，不要倚靠轮椅的扶手以示亲近，这有点居高临下的意味。未经同意，不要随意挪动肢体残疾人的轮椅或者其他辅助设备。

3. 拍照须审慎

与肢残朋友合影，必须先征得其同意。应特别注意的是，拍摄时要避免对其残障部位的特写或加以突出。

4. 行路不搀扶

引导、协助使用拐杖、肘杖和手杖的残疾人时，重点是指示方向和提示行走最安全、最短的路线，同时注意路面情况，如有障碍，要给予提醒，一般情况下不必搀扶。

5. 帮助先征得同意

当残疾人明确表示不需要帮助时，我们不要强行前去帮忙，只提供辅助支持就可以了。如使用双拐的残疾人行走或上下楼梯时，我们如果贸然扶一把，就容易使残疾人身体失去平衡而摔倒，反而帮倒忙。

6. 提供适度帮助

陪伴架单拐的残疾人行走、上下楼梯时，要在其不架拐杖的一侧陪伴，如果楼梯边没有扶手，志愿者可用小臂为其提供支撑。

7. 帮助取餐

协助架双拐的残疾人打饭，特别是自助餐取餐时，要先询问残疾人的饮食习惯和需要，比如可以询问“您有什么忌口”“不吃什么”，再帮其打饭、取餐，比较妥当。

帮助上肢缺失的残疾人就餐时，可以只帮助布菜、询问其需要，切勿直接喂他们吃饭，要关注对方的感受。

8. 服务有针对性

每个残疾人的行为和生活习惯都有所不同，志愿者的服务应该有针对性，服务方式应该恰当，服务应该有效。比如，大多数的脑瘫残疾人伴有不同程度的言语困难，志愿者提供服务时，需要掌握一些特殊的技能与方法，可以通过书写、手势、提问、图文对照等方式来与其交流。有时要特意放缓讲话的速度，留出足够的时间，等待对方充分表达自己的意思。

三、服务听力言语残疾人的礼仪规范

听，是人们获取信息的重要渠道，听力损失对人造成的障碍极大。听力损失不仅导致信息缺失，还会影响思维和认知，影响人的其他功能的发展。比如：听障儿童听不到自己说话的声音，在成长中也就不能理解通常的语言规范，便很难开口进行语言表达。听力障碍导致言语障碍，俗话说的“十聋九哑”就是这个意思。

听力障碍还会严重影响人们的思想交流。曾经有记者问海伦·凯勒：“如果来生可以选择，你是更愿意成为盲人，还是更愿意成为聋人？”海伦·凯勒稍做思考后的回答让记者意外，她说，“成为盲人”。海伦·凯勒解释说：“盲，是人和物之间的距离被隔断了；聋，是人和人之间的距离被隔断了。人和物之间的距离能通过言语沟通描述，或是把物体带到人身边去消除距离，而人和人之间的距离怎么办？”这就是听力残疾人最大的内心困境，消除这个“人与人之间的距离”，才是志愿者应当为之努力的目标。

相当多的听力残疾人只是听力受损，声带还是健康的，能够发声学话，前提是接受科学的语言康复训练。比如海伦·凯勒，虽然听不见也看不到，但是经过艰苦严格的训练之后，她不仅能够与人沟通，还能够在公开场合发言，成为出色的演讲家！一些听不到声音的残疾人，可以通过读唇语和大家交流。听力障碍者接受合适的训练，可以极大地消除听力障碍的不利限制。

近年来，越来越多的社会爱心人士纷纷参与志愿助残服务活动，在服务听力残疾人和言语残疾人方面也积累了大量的实践经验。

（一）与听力残疾人交流时应注意的细节

1. 与听力障碍朋友交谈时，不要目光游移，那会显得漫不经心。要始终面带微笑，态度真诚，关注对方。

2. 交谈时，表达要尽量直截了当，有一说一，有二说二，避免用晦涩、不合适的幽默话语或说反话。

3. 交流有困难时，可采取笔谈方式。目前手机普及，各种沟通软件丰富，与听力残疾人交流越来越便捷，志愿者和听力残疾人稍加学习就能掌握。交流时，语言尽量简洁。语句中有主语、谓语、宾语即可；切忌加上很多修饰语，也应避免使用口语化的语言。

4. 耐心聆听，不要随便打断对方的表达或者不顾时机地插话。

5. 听力残疾人在交流时，有些动作和表情很夸张，要多留意他们的眼神和手势。志愿者最好学一些简单的手势，比如“你好”

（右手食指指向对方，然后握拳，伸出大拇指），“谢谢”（右手握拳，伸出大拇指，弯曲两下）等，便于尽快与听力残疾人建立互动关系。

6. 有听力残疾人在场的活动，其身边的志愿者，应尽量将现场情况和大家交谈的内容通过手势、字条、手机显示屏等，及时转达给他们，免得他们猜测或误解，产生被隔离的感觉。

7. 面对佩戴助听器的听力残疾人，尽量在其有助听器的一侧与其交流。

8. 目前随着科技的进步，有了同声速录的字幕显示系统，特别有助于听力残疾人了解信息，听力残疾人参加会议也方便了许多。但是应该了解，一些听力残疾人参会时还是更希望获得手语翻译服务，手语翻译能帮助他们更好地理解会议的内容。

9. 与懂得唇读的听力残疾人交流时，要一对一地与他 / 她对话，面向光源，讲话节奏稍慢，口型要夸张一些，有利于他们识别口型变化。

10. 听力残疾人讲话、演出结束后，我们可以伸出大拇指或高举手臂、摇动双手向他们致意（因为他们听不到掌声）。

（二）与言语残疾人交流时应注意的细节

所谓言语残疾，是各种因素导致人在不同程度上的言语功能障碍，虽然经过治疗，也不能或难以进行正常的言语交流活动，以致影响人的日常生活和社会参与。包括：失语、运动性构音障碍、器质性构音障碍、发声障碍、儿童言语发育迟滞、听力障碍所致的言语障碍、口吃等。

有些志愿者不经意间就将言语残疾人说成“语言残疾人”，这是错误的。语言是工具，言语是能力，言语能力受限才会导致障碍。也有一些因手术摘除发声器官的人，听力是没有问题的，只是言语不便，不能用声音交流。我国有一位著名的相声艺术家，因病手术后失去了讲话的能力，经过艰苦努力，使用气声也能表达，十分令人敬佩。志愿者服务此类人群时应注意以下细节：

1. 不少言语残疾人是没有听力障碍的，志愿者不要误认为他们听不到，应始终保持言语礼貌。使用文明用语“您好”“请”“谢谢”“对不起”“再见”等，应当成为志愿者的习惯。

2. 面对多位言语残疾人时，应分清长幼、男女、身份来称呼。

3. 切勿使用“喂”“哎”或不恰当的代称，如“下一个”“老头”“某某号”等。

4. 对于言语不清或者发音困难的残疾人，在其表达时，志愿者要认真倾听，理解对方的要求，若有不解，可以请其重复一遍，不要说“你好好说！”“你大点声”。待对方表达完，可以用重复询问的方式确认对方的意思，如“你是不是要打车？”。不要用与对方相同的口气和节奏重复对方的话，避免对方误以为你在模仿与嘲讽他。

四、服务智力、精神残疾人的礼仪规范

长期以来，服务智力残疾人和精神残疾人，一直都是让志愿者比较困惑的领域，与服务其他类别残疾人相比，更具有挑战性。

（一）服务智力残疾人的礼仪

智力残疾人由于智力功能的损伤，在人际交往的方式和过程中存在许多适应行为障碍，需要志愿者增加对智力残疾人的理解，探索有效的交往方式，并注意了解以下特征：

一是智力残疾人缺乏交往的愿望。由于智力障碍或者长期封闭式生活状态的影响，他们经常表现为没有交往的欲望，不喜欢与他人沟通交流，有时志愿者试图交流，但智力残疾人没有任何反应。

二是智力残疾人对交往的信息往往不能理解，因为智力残疾影响了其对语言或人际沟通的认知。所以，在志愿者服务过程中，经常出现服务对象对交往信息不理解，或者双方对交往的信息缺乏一致性，残疾人甚至会听而不闻、视而不见。

三是智力残疾人交往的方式方法不恰当。智力功能的损伤导致其缺乏对行为的理性控制。因此，在与智力残疾人交往的过程中，他们可能会表现出不恰当的行为，比如你与他谈论比较严肃的问题时，他可能会因为不理解而哈哈大笑；或者你与他交谈时，他可能到处乱走、四处张望等。

四是智力残疾人不懂得交往的规则和礼仪。智力残疾人由于智力功能损伤、生活范围的限制或者家庭教育的欠缺，有可能不懂得如何与人沟通与交往，不能理解人与人之间的关系，或者自己所承担的社会角色。

因此，服务智力残疾人，对志愿者提出以下更高的要求：

第一，要树立对待智力残疾人的正确观念，才能有良好的心态，接纳包容残疾人，建立和谐的人际交往氛围。智力残疾人在各类残疾人中比较弱势，最容易被歧视。因此，在服务智力残疾人的过程中，更应尊重其独立与自由的权利，不能因为智力障碍而蔑视他们，志愿者的接受和理解将会有助于提高服务效果。

第二，要有合理的态度，这有助于志愿者增进与智力残疾人的感情，有助于理解和接受智力残疾人的差异性。对智力残疾人态度的改善，需要长期的接触与了解，需要不断加强助残服务知识的学习，需要提高助人为乐的道德意识。

第三，行为要恰当。恰当的行为会增加志愿者与智力残疾人之间的积极情感，有助于良性互动，为智力残疾人在人际交往上提供示范与榜样。这就需要志愿者不断加强对智力残疾人的了解，熟悉他们的个性特征，了解他们的心理需求。比如：说话要简单，要使用带正面意思的词语，以直白的话语交谈，必要时可以说慢一些并重复；听不懂智力残疾人的意思时，可尝试请他们重申想表达的要点，以确保他们理解交谈的内容；可用身体语言表达或帮助沟通；不要求智力残疾人猜测事情；应尽量给予足够的时间让其表达，切勿催促；要耐心聆听智力残疾人的话语，观察其身体语言，尽一切所能使对方感受到被关注、被尊重，没有压力和负担，在身心放松的状态下沟通；在转入另一项活动，换一个新的话题，变更到一个新的环境中或面对陌生人时，需要给予智力残疾人足够的时间来适应；对智力残疾人的正面行为给予适当的鼓励及赞赏，这样不仅会使他们有成就感及满足感，同时也会引导他们对正面行为产生正确认识。

服务智力残疾人，志愿者一定要在专业人士的参与下、专业单位的指导配合下进行。

（二）服务精神残疾人的礼仪

我国目前大约有精神残疾人 629 万人。许多精神疾病至今尚未能探明病因，不易被发现从而延误治疗。尽管医学界付出了很大的努力，但人们往往对精神疾病、精神病患者仍然不能像对心脏病患者、糖尿病患者那样采用正确的态度，社会上存在严重的偏见。为此，许多精神疾病患者及家属都不愿承认有精神病，也不敢到专科医院去就诊，怕受到歧视或遭人耻笑。随着社会的文明与进步，对精神疾病及精神疾病患者的歧视已有很大的改善，但仍有不少人存有误解。

在服务精神残疾人时，志愿者最为常见的问题是有恐惧心理，担心受到伤害。其实这是一个误区，志愿者能直接接触和服务的精神残疾人，绝大多数不具有攻击性，不会伤害他人。

近年来，孤独症（已经不再用自闭症这一称呼）患者数量迅速增加，病因不明，医治无方，给社会、家庭带来了巨大的压力。曾经在一次座谈会上，邓朴方主席谈到，那些精神和智力残疾孩子的家长，内心的无助和绝望，是常人难以体会的，他们应该是世界上最痛苦的人。当场就有孤独症孩子的家长痛哭失声。

许多志愿者在服务精神残疾人时，都怀着极为善良的愿望，做好吃苦耐劳的思想准备，力争为残疾人做好一切，怀着只要残疾人满意，自己辛苦劳累也无所谓的想法。但是在服务的实际过程中，志愿者面临的不仅仅是体力的考验。

一次残疾人运动会上，一位女大学生志愿者负责引领一位孤独症运动员参加比赛。前期，志愿者经过培训，学习了一些礼仪和服务规则，能作为志愿者参加这次服务，她感到机会难得，十分珍惜，她满怀热情，下定决心全力以赴做好服务。但是第一次见到这位孤独症运动员时，内心有一点点失望，对方并不愿意跟她一起走，志愿者反复示好，才勉强拉上手，缓缓将其引领上车。上午比赛结束后，志愿者又经过耐心的努力，才再次拉起手，将其引领回到住处。午休之后，志愿者又一次想方设法，拉起手上车到场馆。期间，志愿者极尽努力，释放自己的热情，但运动员一直面无表情，没有一句回应，甚至连一个浅浅的微笑也没有。志愿者失望极了：这就是我为之努力的赛会服务吗？回去之后怎么跟同学描述自己的工作呢？

两天的比赛结束了，这位运动员没有获得优异的成绩，返程的时间到了。她虽然和几位队友在一起，但总是站在边上，有人拽她一下，她也纹丝不动，显得孤零零的。这时，志愿者慢慢向她走过去，一边走一边还在想，用什么办法能“哄”她上车，这时，令人意外的事发生了。这位运动员似乎认出了她，张望着往她这个方向迈了一步，志愿者仿佛受到一种什么力量的牵引，紧走两步，来到她身边，对方竟然主动伸出手，似乎早就在等着她来牵。志愿者的心顿时感到一阵温暖，甚至有些颤抖，轻轻拉起对方的手，两人像姐妹一样慢慢上车，还是没有说一句话，只是这位运动员一直倚靠在志愿者身上。志愿者回顾这段服务过程时激动不已，这两天的耐心和坚持之后，运动员主动伸过来的小手，细微之处，让志愿者感受到对方的接纳，人与人建立起连接的那一瞬，是那么的让人震撼。志愿者内心受到巨大的冲击，感受到人类最为珍贵的信赖和最纯粹的真诚，这样一段经历，是她参与这次志愿服务最大的收获。

如果志愿者感受到，助残服务的过程也是自己收获成长、获得力量的过程，自己才是最终的受益者，那么助残服务才算真正成功。

助残志愿者能够直接服务的精神残疾人，绝大多数处于稳定期。与这类残疾人初次接触时，志愿者要主动介绍自己，并要用正常的目光看待对方，不要表现出畏惧、惊讶或躲避，不要惧怕与他们眼神接触。

以爱为基础，志愿才纯粹，服务才持久。

一位老人患有精神障碍多年，亲友都觉得他难以接近和交流，唯独有一位年龄较大的志愿者，老人见到他就开心，两人总是相谈甚欢。其他志愿者来询问诀窍，这位志愿者说，自己得知患病老人曾经是一位教师，桃李满天下，并在学术上建树颇多，为国家做出过杰出的贡献。每次见面，志愿者就会从他的教学经历、学生境况、成果影响等角度发起话题，久病且已垂暮之年的老教师被话题勾起了美好的回忆，不自觉地侃侃而谈，心情愉悦，将自己的高光时刻一一道来。志愿者只要积极回应，不去苛责老人的絮叨、重复，做一位聆听者，其实就已经是在“服务”了。

总体上说，服务精神残疾人，也一定要恪守尊重的原则，消除对服务对象的恐惧心理，在服务过程中尽可能做到以下几条：

一是需要耐心与理解。志愿者尽量多了解精神残疾人的需要、发现他们具有的能力，不遗余力投身服务。

二是要真情投入。与精神残疾人交流，要从对方的爱好入手，比如爱漂亮，就谈化妆、保养等，尽量说对方想听的话题。语气要亲切、亲近、彬彬有礼，同时要注意耐心倾听，让对方感受到自己的诚意。

三是在谈话时不要有无关的动作或表现得心不在焉，对方可能会认为你对话题不感兴趣，对你失去信任，不再与你深谈。

四是对于残疾人提出的不合理或者不实际的要求，要保持客观的态度，不要简单生硬地予以拒绝或否定，要用智慧化解，淡化处理。

服务视力残疾人的知识与技能

第一节 了解视力残疾

一、视力残疾

视力残疾是指各种因素导致双眼视力低下并且不能矫正，或双眼视野缩小以致影响个体日常生活和社会参与的状态。视力残疾包括盲及低视力。

具体分级标准见《残疾人残疾分类和分级》。

二、视力残疾对人产生的影响

视力残疾不仅在接收信息、社会交往、参与社会方面对个体影响巨大，还会直接或间接地影响个人心理，影响人格的形成和发展。

社会对视力残疾人缺乏关注、持有偏见、不友善，政策制度对他们不公，甚至存在歧视，环境缺少必要的无障碍设施等，都会影响视力残疾人的人格发展。社会环境，包括社会行为、风俗、习惯、法律、制度和语言等心理环境和建筑物、道路等物理环境，都是影响视力残疾人人格构建的因素。另外，如果视力残疾人不能正确对待自己的残疾，不能接纳自己的生理现状，客观上又受视力障碍影响，活动不便，活动范围有限，社会交往减少，主观上与人交往不积极，容易与社会隔离，不利于其健康人格的形成。

志愿者在为视力残疾人服务时，既要帮助他们解决实际困难，也要力争使他们感受到社会的友好、人们的善意与支持。

第二节　视力残疾人的服务需求

人类大约有 85% 左右的信息都是通过视觉获得的，视力残疾人最主要的问题是通过视觉通道获得的信息量减少或消失，导致在日常生活中，自由行动存在障碍，活动范围受到限制。因此，志愿者帮助视力残疾人自由行动、补偿视觉功能，具有实际意义。

一、定向与行走

定向是指盲人以周围物体为参照物，确定自己所处的位置或自己所要到达的位置。志愿者可以通过提示方向、阳光、线索与路标等方法，帮助视力残疾人确定方向，或者利用时钟数字位置、盲文点符位置协助盲人定向。

行走是指从一个地方到另一个地方（目的地）的移动能力。志愿者可以学习导盲技能，协助盲人安全、优雅、自如和自信地行走。

二、盲文

盲文或称点字，是以六个凸点为基本结构的、依靠触觉感知的盲人专用文字，盲文字符的基本结构是六个点，上中下各两个点，距离相等，呈长方形，左上点称 1 点，左中点称 2 点，左下点称 3 点，右上点称 4 点，右中点称 5 点，右下点称 6 点，可以变换为 63 个符形。盲文的书写要使用专门的书写工具——写字板和写字笔，书写和摸读的规则是反写正读，也就是书写从右向左写，摸读从左向右读。

盲文是盲人书面沟通的文字，目前我国使用的是《国家通用盲文方案》。

三、辅助性设施、设备

（一）视力残疾人所需的家庭设施

1. 居室

地面应平坦（保证零高差）、防滑，不要有台阶等障碍。居室的家具应避免锐角，不要使用玻璃茶几。

物品摆放以盲人方便为原则，各类物品、工具的位置固定，不随意变换位置，使用后即放回原来位置。

2. 卫生间

盥洗设施避免锐角。洗漱用品不宜摆放过多，浴液与洗发水等用品最好以不同形状的容器盛放，以此来提示盲人区分使用。剃须刀等不宜摆放在脸盆边缘，以免掉落时伤人。

3. 厨房及就餐环境

厨房用品用具摆放规律，便于安全取用。抹布、纸巾等易燃物要远离火源。盲人使用的生熟菜板要设计触摸标记来区分，低视力残疾人可用不同颜色的菜板来区分。视力残疾人要避免使用尖头的厨用刀具和餐刀。家中各类食品的保质期应有盲文提示或者语音提示。

4. 家居管理

视力残疾人的家居用品以简洁为原则。各类物品要常整理、常清理。衣橱、物品储藏间尽量安装推拉门，以便取放衣物。在玻璃门、窗上贴些窗花，防止低视力者受伤。

5. 报警设备

盲人使用的手机、盲文电话机、声音放大电话机等各类电子产品应有报警功能。

（二）视力残疾人使用的主要辅助器具

1. 盲杖

盲杖是视力残疾人行走的辅助工具，正规的盲杖可分为腕带、手柄、杖体、杖尖四部分，杖体红白相间，长度为地面到使用者胸口处为宜。标准的盲杖还能起到交通警示的作用，告知路人和过往车辆，执杖者是视力残疾人。

2. 低视力者使用的辅助器具

所有可以改善低视力者活动能力的装置或设备都可以叫助视器。种类很多，可分为光学助视器和非光学助视器，也可分为近用助视器和远用助视器。

光学助视器分为近用和远用两种。近用光学助视器放大倍数为 2 ~ 6 倍，常用的有使用方便的手持放大镜，视野较大的眼镜助视器，固定或可调焦距的立式放大镜，提高光照、明亮和对比度的光源助视器等。

远用光学助视器放大倍数为 2 ~ 8 倍，常用的有视野较广的眼镜式望远镜，焦距可调的单筒手持望远镜，卡在矫正眼镜上的卡式望远镜，双焦望远镜等。

电子助视器适合中度、重度低视力患者使用，放大倍数可达几十倍。常用的有自带显示屏的桌上型黑白助视器、可看远看近的携带型教室用助视器、通过记忆存储随意显示文字的桌上型人工智能助视器、方便阅读书写的行动式读写助视器、随身携带的简便型彩色助视器、具备供电系统的口袋型彩色助视器、戴在头上的低视力电子眼等。

放大镜有手持式、镇纸式、眼镜式、支架式、胸挂式等多种式样，可带或不带照明灯，有不同的放大倍数，多用于阅读或观察微小物体、进行精细的手工操作。

近用胸挂式放大镜

望远镜也称远用助视器。它有单筒和双筒之分，低视力者多使用单筒望远镜。望远镜多用于观看远处物体，例如：黑板、张贴的广告、比赛场地、舞台等。

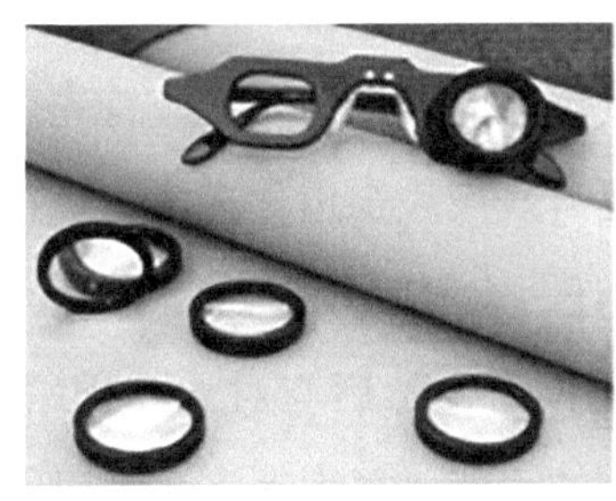

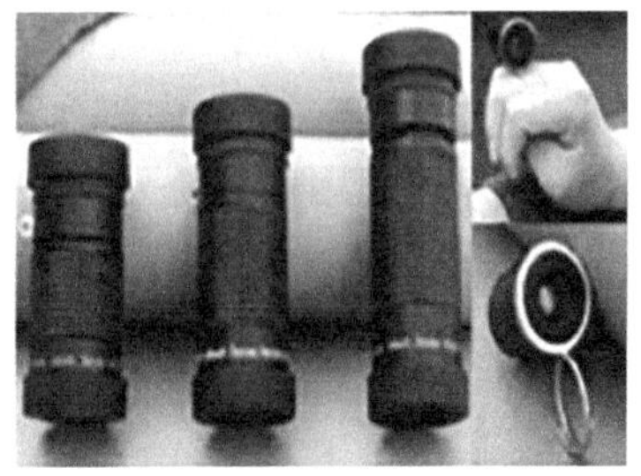

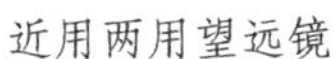

近用两用望远镜　　近用单筒望远镜

注意：

志愿者要提醒视力残疾人，使用望远镜时不要行走，以免发生危险。

志愿者不要随便触碰视力残疾人的助视器，特别是不要用手直接触摸镜片，以免污染镜片或造成损坏。

第三节　服务视力残疾人的基本技能

帮助视力残疾人的基本技能，简称为“助盲技能”。其中，在明眼人的帮助下，视力残疾人以社会公众接受的方式，安全、优雅、自信地行走的技能，称为“导盲技能”。

一、导盲技能

1. 接触

通常情况下，由视力健全的志愿者引领视力残疾人行走是比较安全的方法。志愿者距离视力残疾人一两米远时，应首先主动提示或者问候，用声音提示，让视力残疾人知道你在附近。初次见面时，要主动介绍自己，建立信任，志愿服务才更加顺畅。

志愿者应先征得视力残疾人的同意，然后与对方并排站立，用靠近视力残疾人的手背轻触对方的手背。视力残疾人被触及的手沿志愿者的手臂上移至志愿者的肘关节处，四指在志愿者手臂的内侧，拇指在外侧，轻轻抓握志愿者的肘关节。视力残疾人后退半步，站在志愿者的后侧方，抓握的手臂的上臂与身体靠拢，与前臂成直角。当志愿者迈步时，视力残疾人可根据抓握手的感觉跟随行进。

我国的交通规则是右行原则，在室外行走时，建议志愿者站在左边，视力残疾人站在右边，也就是安全的一边。

2. 换边

当视力残疾人需要从志愿者的一侧移动到另一侧时，有两种换边方法，下面以视力残疾人从志愿者的左侧移动到右侧为例说明。

逐步换握法：视力残疾人用左手替换下握住志愿者左臂的右手；右手用手背沿志愿者的背部向右移动，摸到志愿者的右臂，同时身体向右移动；左手与右手交换，视力残疾人的左手握住志愿者的右肘部，站到志愿者的右后方。

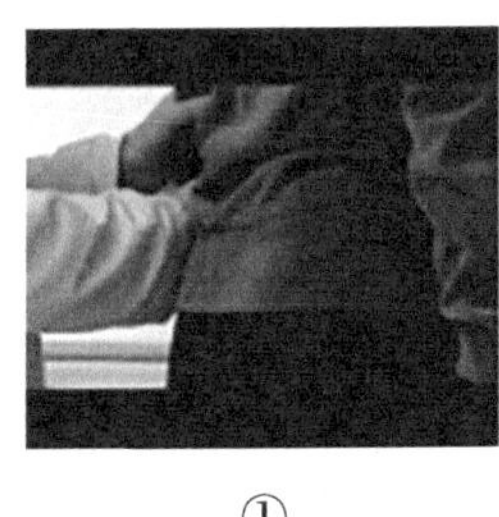

①

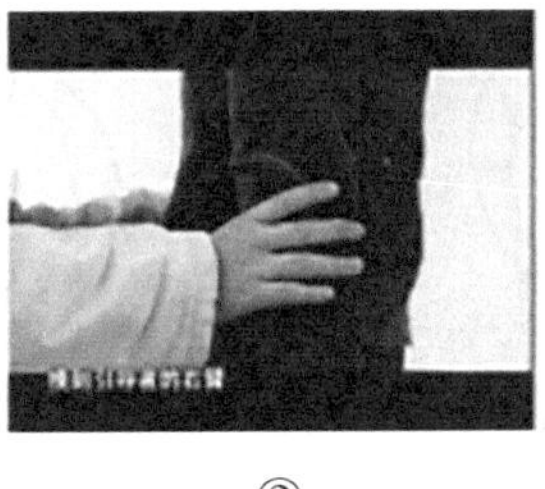

②

③

直接换握法：视力残疾人不松开自己原本握住志愿者的右手，直接将左手从右臂上方沿着志愿者的背部向右移动，握住志愿者的右肘关节，再放开右手，同时身体向右移动到志愿者的右后方。

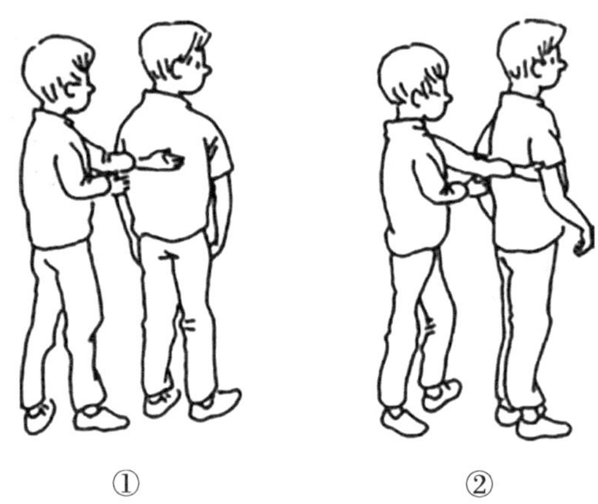

① ②

3. 向后转

志愿者要先告诉视力残疾人“要向后转”了，并抬起被抓握的手臂示意；两人同时转 90°，面对面站立；视力残疾人用另一侧手抓握志愿者的另一侧手臂的肘关节，同时松开最初的抓握手；两人同时再转 90° 成为同向，视力残疾人后退半步，站在志愿者的后侧方。

① ②

③

④

4. 过狭窄通道

通过狭窄通道时，为了安全，志愿者应把视力残疾人引导到自己的身后行走。

方法是：志愿者将被抓握的手臂向身后弯曲，贴于腰部；视力残疾人根据志愿者手臂的变化，将抓握手移到志愿者的前臂，在志愿者的身后行进。当通道变宽敞后，志愿者放下弯曲的手臂示意，视力残疾人恢复原来的行走姿势。

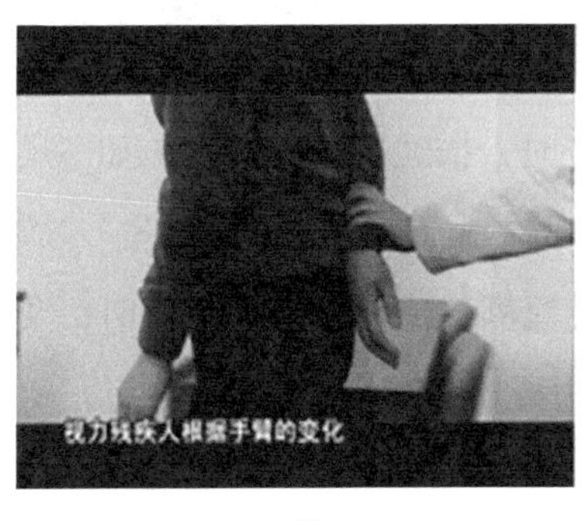

①

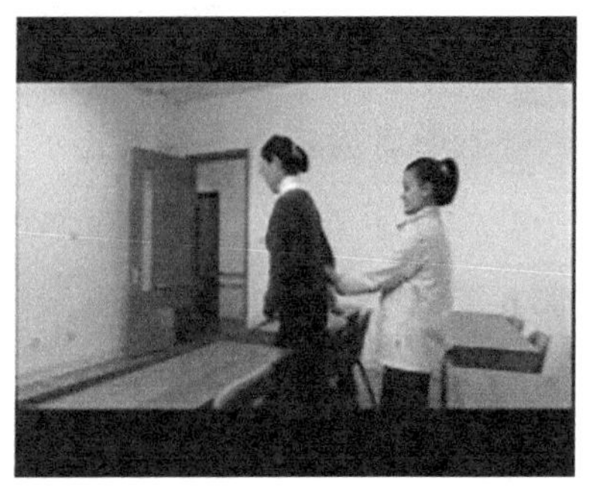

②

5. 入座

志愿者把视力残疾人带到椅子的后边，把视力残疾人的一只手放在椅背上，另一只手放在桌边；视力残疾人自己调整桌椅间的距离，确定椅面上没有杂物后，自行坐下。

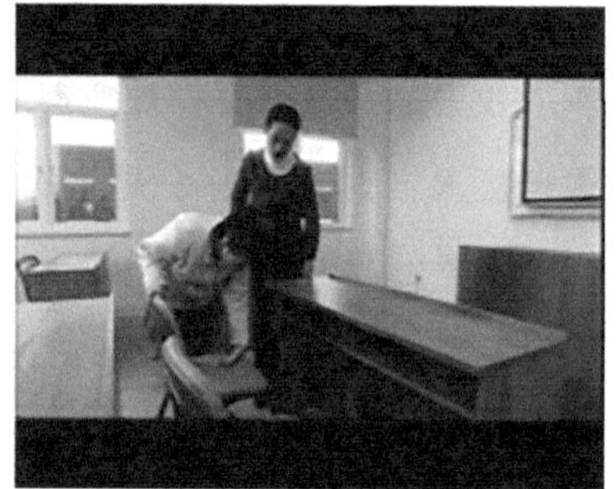

志愿者为视力残疾人指示方位时，描述要清楚准确。如“尺子在你左手外侧”“话筒在你正前方”，而不要用“在这里”“放那儿了”“坐这儿”“坐那儿”这类模糊的描述。引领就座时，要明确地告诉他们：请坐在你的左边或右边、前面或后面的位子，等等。

6. 进门出门

来到门口时，志愿者根据门轴的位置，提醒视力残疾人用换边法调整两人的位置，让视力残疾人站在靠门轴的一边；志愿者用被握臂的手摸门把，视力残疾人用靠门轴侧的手顺着志愿者的被握臂找到门把并握住；志愿者放开门把，由视力残疾人把门打开；走出或走进大门后，再由视力残疾人把门轻轻关上。

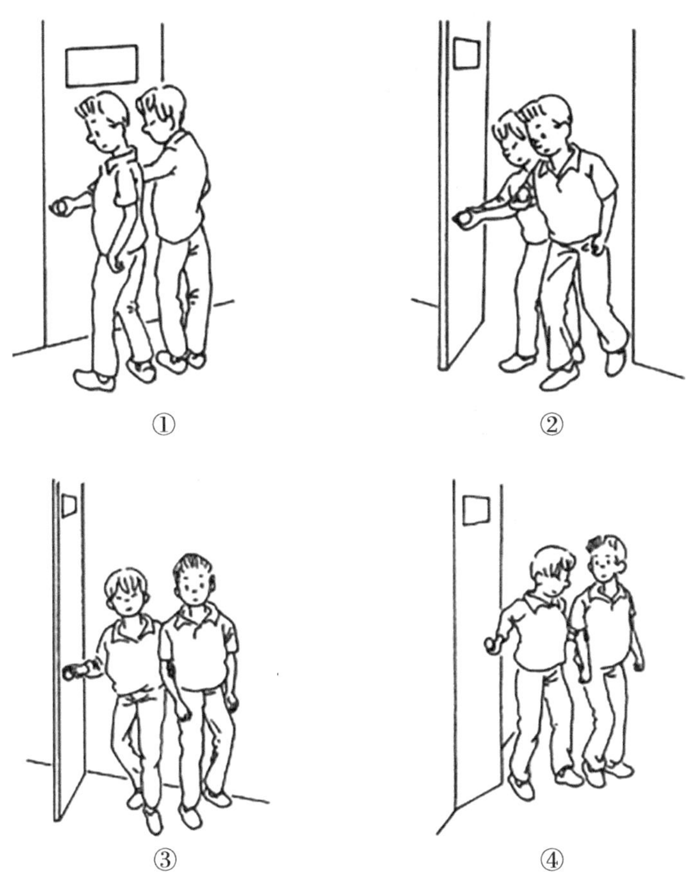

①　②　③　④

7. 上下楼梯

走到楼梯口时，志愿者要稍作停顿，语言提示要上（下）楼梯了。视力残疾人上前半步，与志愿者并排面向楼梯站立。

上楼梯时，志愿者先一步上楼梯，视力残疾人根据手臂的感觉跟随，后一步上楼梯。当志愿者上完最后一级台阶时，要略加停顿，示意视力残疾人还有一级台阶就到平地了。等视力残疾人上完最后一级台阶并站稳后，志愿者再带领其行进。

下楼梯时，志愿者先一步下楼梯，视力残疾人根据手臂的感觉跟随，后一步下楼梯。当志愿者下完最后一级台阶时，要略加停顿，示意视力残疾人还有一级台阶就到平地了。等视力残疾人下完最后一级台阶并站稳后，志愿者再带领其行进。

① ②

二、导盲技能的应用

1. 上下电动扶梯

来到电动扶梯口时，志愿者先提示视力残疾人是上还是下。志愿者把视力残疾人的空闲手放在同侧扶手上，先一步上扶梯，视力残疾人握紧扶手，跟随迈步上梯，并调整站立的阶梯位置。当视力残疾人感到扶手变平缓时，略翘起一只脚尖，当这只脚的脚底到达电动扶梯与平地的接合处时，向前迈出，另一只脚跟随下梯。

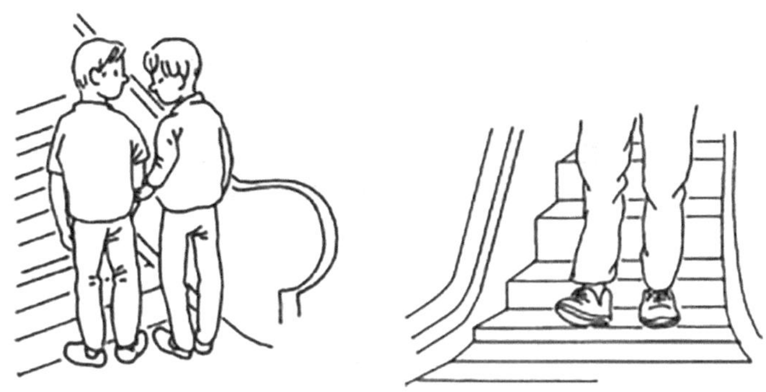

注意：如果被引导的视力残疾人从未使用过电动扶梯，建议使用直梯，以免发生危险。

2. **乘车**

乘坐小轿车的方法：志愿者把被握肘的那侧手放在车门把手上，告知视力残疾人车头的方向；视力残疾人一手握住门把手，一手扶住车顶边，把门打开，进入就座；志愿者随后进入并关上门。下车时，志愿者先开门下车；视力残疾人一手摸到车门框上沿，确定车门高度后，再向外伸出腿，脚着地后，离开座位下车。

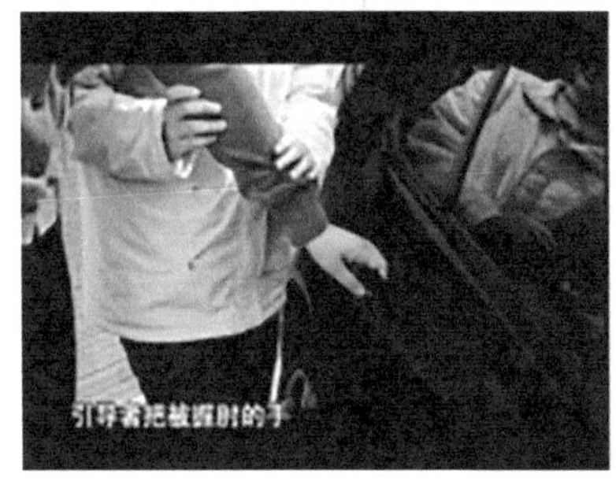

①

②

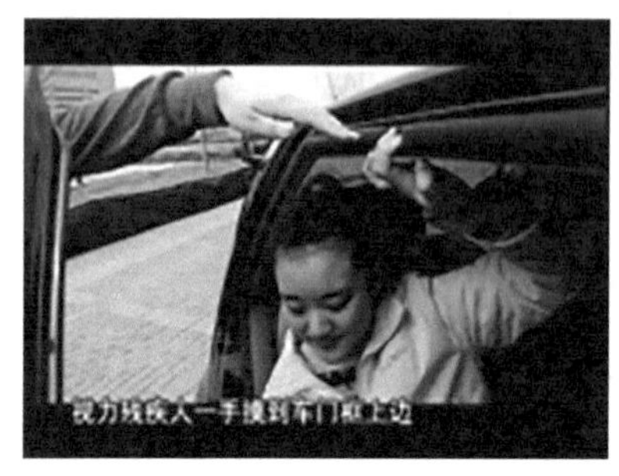

③

乘坐大型客车的方法：志愿者站在视力残疾人前面，引导视力残疾人抓住车门扶手，按照上楼梯的方法上车。上车后，志愿者协助视力残疾人握紧扶手或拉环，以防车辆开动时摔倒。下车时，待车辆停稳后，志愿者站在视力残疾人前面，引导视力残疾人走到车门口，握住车门扶手，按照下楼梯的方法下车。

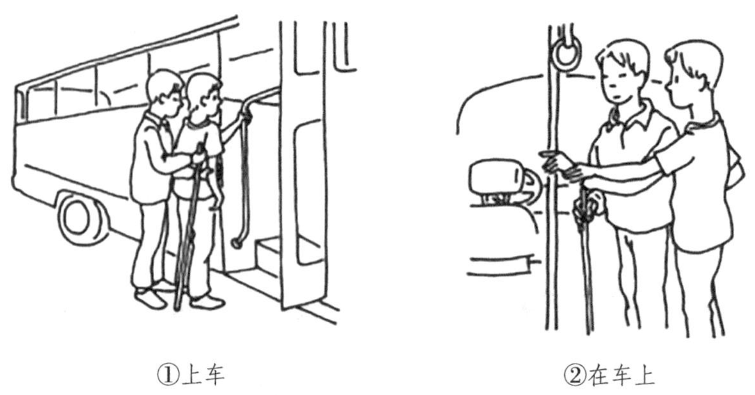

①上车　　②在车上

③下车

3. 使用洗手间

志愿者带视力残疾人走到坐便器的正前方，让其摸到冲水把手的位置，若是自动冲水的坐便器，要提前告知，然后离开。

4. 使用健身房

志愿者带领视力残疾人进门后，按照由近及远、从左到右的顺序大致描述器械布局，特别是类似秋千等会大幅度摆动的器械的位置，以便视力残疾人避让。在使用跑步机等电动器械时，通电前，一定要提醒视力残疾人抓紧扶手，以防摔倒。

5. 观看比赛

体育场馆的看台是阶梯式的，每层一般都没有扶手或栏杆，如果观众较多，造成拥挤，视力残疾人可能最先受伤。因此，志愿者把视力残疾人带到座位后，要告诉他，现在所在的位置比赛场大约高出多少（可用座位排数说明），离他最近的通道在他的什么方位，可以扶握的东西在哪里等，并让他摸到。

6. 陪同游览

志愿者陪同视力残疾人游览时，要特别注意安全。要避免视力残疾人走在水边、山崖边、树枝低矮处和人多的一边。志愿者要尽可能地把自己的所见描述给视力残疾人听，允许摸的、安全的植物、雕塑等，可扶着他的手引导触摸。在景点可以多招呼视力残疾人拍照留念，之后一定要记得把照片送给他们。

7. 陪同就医

陪同视力残疾人就医时，要适时描述医生在为他做什么，以减少他的紧张感。给他的药物要一一说明用法和用量，并让他摸到放置的位置。对于特殊药物，要特别提醒服用的安全注意事项。

8. 入住宾馆

志愿者带领视力残疾人入住宾馆时，要告诉他宾馆名称、地址、楼层、房间号、安全通道位置等。最好向服务台要一张写有地址电话的宾馆卡片，由视力残疾人随身携带。进房间后，先向视力残疾人描述房间布局，告知桌上摆放的水杯等物品以及各种电器开关的位置、功能，并让他一一摸到。

宾馆地面如果铺有地毯，志愿者陪伴视力残疾人行走时，要注意避开地毯卷边处、电缆线凸起处等容易磕碰的地方。

宾馆也可根据视力残疾人的需要，为他们做一些特殊设计，如提供质地花纹略有不同的毛巾，便于使用时区分，洗发水和浴液的外包装有明显区别或者提示符号，紧急联系电话设置成一键即通模式等。

9. 陪同用餐

陪同视力残疾人用餐时，主要注意以下几点：

（1）要根据视力残疾人的需要准备餐具，例如准备一个碗和一把勺，这样，饭菜就不会被杵到桌子上。

（2）帮视力残疾人触摸到自己的碗、筷、杯、盘的位置。为他们送上热的茶水或汤时，一定要提醒对方杯、碗的位置，避免碰翻引起烫伤。

（3）先介绍菜肴，再进行询问，切忌采取逐一排除的问句，如“您吃鸡肉吗？”“您吃牛肉吗？”“您吃鱼吗？”“这道菜您喜欢吗？”“那道菜您喜欢吗？”，会让人不舒服。建议采取这样的问法：“您不喜欢吃什么？有什么忌口？”

（4）先夹一两种菜，菜量少一些，待视力残疾人吃完后再换另一种，各种菜尽量不要搅在一起，影响口感。

（5）视力残疾人就餐时，不要让他们感到有人在旁观，这样他们会有负担，志愿者可以站在稍远处。

（6）为视力残疾人提供西餐时，还可采用形象化布菜法，将餐盘视为一个钟表，告诉视力残疾人各种菜所摆放的位置，如：沙拉在 12 点钟的位置，烤鸡在 6 点钟的位置，面包在 9 点钟的位置，等等。这样，视力残疾人朋友只要根据提示触摸到盘子的对应位置，便能很容易地取到各式菜肴。

（7）视力残疾人朋友需要与人敬酒碰杯时，志愿者应及时给予帮助。

（8）吃到鸡、鱼等带骨食物时，要给予提醒，避免鱼刺、鸡骨扎嘴。

10. 引导购物

引导视力残疾人到商店购物时，要根据他的要求介绍商品信息，如价格、产地、材质、生产日期、保质期，等等。尽量让他直接与售货员交流，不要包办代替。要让他亲手摸到所购物品。

付款时，要让他亲自办理，可以告诉他手中钞票的面额和数量，例如：两张一百元的，三张十元的……购物结束时，可提醒他放好钱包。所购物品尽量由他自己拿着，若所购物品很多，可在征得他同意后帮助拿一部分。

11. 办理银行业务

当志愿者带视力残疾人到银行办理存取款、兑换货币等业务时，要根据他的意愿，提供适当的帮助。点钞、签字等事项要由他自己完成，不要代办。若不能签字，可以按手印。此时，志愿者可以先扶着视力残疾人的手，找到签字或按手印的位置，然后离开，由他自主操作。如果视力残疾人不需要帮助，志愿者就站在一米线外等待。离开银行时，要提醒视力残疾人把钱、单据、证件等重要物品放好。

12. 应急措施和安全防护

每位视力残疾人的残疾情况是不同的，大多有一些禁忌事项。志愿者要特别注意他们的安全。患青光眼的人，在眼压高的时候，要防止眼睛受到碰撞，否则有可能造成眼球破裂。患白化病的人，要避免在烈日下暴晒，以免患上日光性皮炎。患视网膜脱落的人，要防止头部受到震动，以免加剧病情。

视力残疾人的随身行李通常不需要志愿者协助，除非他们主动提出需要你的帮助。

当人群拥挤时，要让视力残疾人扶住墙壁、扶手等安全设施，顺着人流靠边走，千万不要蹲下，以免摔倒、被踩踏等。当发生火灾时，志愿者除了要按规范的逃生规则做，还要帮助视力残疾人扶住墙壁、扶手等安全设施，让他弯下身子，用湿布捂住口鼻，靠边逃生。

志愿者保护好自己的安全，是保护视力残疾人的前提。在逃生的过程中，要尽量让视力残疾人知道你就在他的身边或附近，用身体或语言引导他脱离险境。

服务听力言语残疾人的知识与技能

第一节　了解听力言语残疾

一、听力残疾

听力残疾是指，各种因素导致双耳不同程度的永久性听力障碍，听不到或听不清周围环境声及言语声，以致影响日常生活和社会参与。

具体分级标准见《残疾人残疾分类和分级》。

第二次残疾人抽样调查结果显示，我国有 2000 多万人患有听力障碍，其中听力障碍儿童每年新增 3 万人。听力残疾有不同的种类。依据病变的性质，可分为器质性耳聋和功能性耳聋，前者有听觉系统的器质性病变，后者没有。依据病变损害部位可分为传导性聋、神经性耳聋和混合性耳聋。依据发病的时间可分为先天性耳聋和后天性耳聋。依据致病原因又可分为遗传性耳聋和获得性耳聋。一般按照先天因素和后天因素分类，更容易理解。

1. 先天因素

父母近亲结婚，母亲妊娠期患病（如风疹、重度流感等），母亲妊娠期药物中毒或滥用，产程中使用产钳引起的外伤，难产导致的新生儿重度窒息，新生儿黄疸等。

2. 后天因素

营养素缺乏，如缺碘致地方性克汀病，噪声性聋，高烧，耳毒性耳聋（耳毒性药物有链霉素、卡那霉素、庆大霉素），中耳炎，头部外伤，及其他疾病和不明因素导致的听力残疾（障碍）。

二、听力残疾对人的影响

人与人之间的交流主要依靠听觉进行，听力残疾会影响人们对语言的理解，限制人们之间的信息交流，阻碍残疾人的社会参与。

听力障碍不仅影响“听”，也会影响“说”的能力。这种影响取决于听力障碍的程度、障碍发生的年龄、障碍是先天还是后天发生。障碍程度越重，对人的言语能力的影响就越大；发生障碍的年龄越小，康复训练的效果越好。后天发生的听力障碍，可能还会保留一些残余听力，有利于语言的学习和言语能力的发展。

听力残疾人无法听到声音，也就无法接收到声音语言传递的信息，不仅会影响其模仿发声、学习说话，还会对发声的构音、音质以及语调产生影响。

听力障碍不仅影响残疾人对声音语言信息的接受，还会影响辨析语音、理解语言内容，听力残疾人可能无法听到他人的语言和内容，健全人也可能无法听明白听力残疾人特殊的语音、语调和内容，交流时会遇到非常大的问题。

听力障碍会阻碍听力残疾人的社会参与，障碍程度越重，对社会参与的负面影响越大。听力残疾人过度依赖视觉信息而容易被暗示，还会影响社会成熟度的发展，在团体活动中难以融入。

二、言语残疾

言语残疾是指，各种因素导致的不同程度的言语障碍，经治疗一年以上不愈或病程超过两年，而不能或难以进行正常的言语交流活动，以致影响其日常生活和社会参与。包括：失语、运动性构音障碍、器质性构音障碍、发声障碍、儿童言语发育迟滞、听力障碍所致的言语障碍、口吃等。通常3岁以下不定残。

言语残疾按各种言语残疾不同类型的口语表现和程度，脑和发音器官的结构、功能，活动和参与，环境和支持等因素分级。

具体分级标准见《残疾人残疾分类和分级》。

言语残疾可由视、听、发音、书写器官的器质性病变造成，也可能是发育性的言语障碍，如口吃和发不出某些辅音等，包括局限性脑或周围神经病变所致的言语障碍、构音困难和失语。一些残疾人由脑损伤导致呼吸、共鸣、言语、大脑综合功能都受到影响。言语障碍的主要表现有：

（1）呼吸、发音异常。呼吸不规则、呼吸调节困难、呼吸表浅等引起发音声小、无力或爆发性发音、发音困难。

（2）构音运动异常。如脑瘫患者不能正确控制口唇、舌、下颌、软腭等构音器官的运动，会出现言语清晰度低下、言语速度缓慢或过快、鼻音过重等现象。

（3）听力低下，吐字不清等。一些残疾人因听力较低，长期缺乏言语交流的锻炼，语言组织能力差，表达能力不够，心里有话说不出，或者说出来担心不能被人理解，等等，阻碍了与外界的交流。这种语言年龄与生理年龄的矛盾，使得一些人比如脑瘫患者，交流意愿较低，对周围的事物、对他人的关心程度以及向他人表达自己意愿的能力较低，在某些环境中可能容易陷入无能为力的状态，从而阻碍了本来具有的潜在能力的发挥。

第二节 听力言语残疾人的服务需求

听力残疾人最主要的问题是听力障碍，听力障碍导致听力残疾人在日常生活中听不到或听不清周围的环境声及言语声，影响日常沟通，影响理解与交流。言语残疾人最主要的问题是言语能力受限，语言表达困难。因此，为听力言语残疾人提供的服务主要是信息沟通服务。听力残疾人需求非常广泛，比如社区家庭服务（交水电费、宽带费，银行理财服务等），专业服务（申请补助、救助，房屋和汽车买卖、办理保险等），信息援助服务（代打电话、预订票、紧急援助），对外沟通（购物），康复医疗服务，心理指导疏导，就业指导，外语翻译，法律咨询，纠纷调解，等等。

一、手语服务

手语是指通过手指的动作、位置、形状所代表的不同意义，结合相应的面部表情和体态语言，按照一定的规则，依靠视觉识别信息，表达思想和进行交流与沟通的听力言语残疾人专门使用的手的语言。手语分为自然手语和文法手语：自然手语是指通过手势、身体姿态和面部表情，形象地表达事物的含义和包含的沟通信息的手语，听力言语残疾人之间的沟通常会使用自然手语；文法手语是指通过手指的形状和动作，按照汉语语法规则表达思想的手语，健听人与听力言语残疾人沟通时通常会使用文法手语。

中国手语是 1987 年 5 月在山东泰安召开的第三次全国手语工作会上提出的，倡导者是时任中国聋人协会副主席的富志伟同志。中国手语是指中国聋人使用的、具有自己的语法体系的自然手语。中国手语也有“方言”，包括北京手语、上海手语、南京手语等各地“方言”。目前，国家正在进行通用手语的研究。

三、辅助性技术服务

听觉辅助设备包括多个种类：一类是补偿听力功能的必备用品助听器，一类是代偿听力功能的人工耳蜗，一类是生活辅助器具。

1. 助听器

助听器是能够将外界声音放大处理的个体使用的小型扩音器。助听器的种类很多，如果按照传导方式区分，可以分为气导助听器和骨导助听器；如果按照形状区分，可以分为盒式、耳背式、耳内式、耳道式助听器，如果按照技术电路区分，可以分为模拟、数字编程和全数字助听器。听力残疾人还可以使用无线调频（FM）系统、磁电感应装置、骨导电话机、扩音电话等。助听器虽然能够增加听力残疾人的声音知觉，但是由于声音放大后失真，会影响听力残疾人对声音的感知和体验。助听器越早佩戴越好。

耳背式助听器适合任何类型的听力损失者使用。

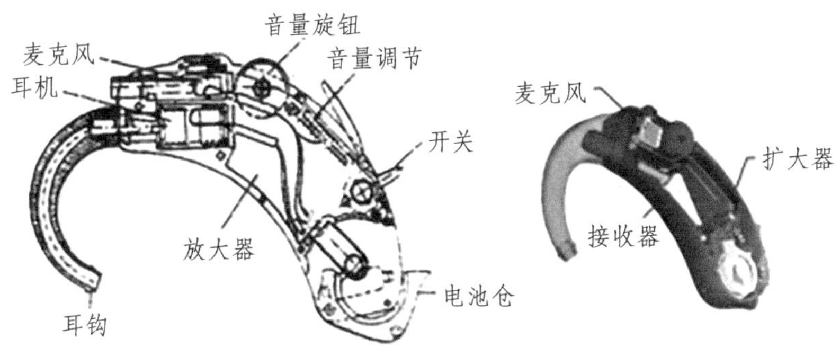

耳背式助听器的基本结构图

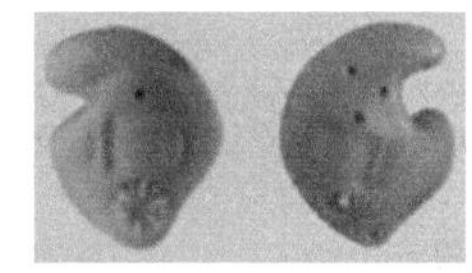

耳内式助听器。是放在耳内的助听器，通常适合轻度到中度

的听力损失者使用，但通常不建议年纪较小的人使用。

验配助听器前要做医学检查。

2. 人工耳蜗

这是目前仿生学科技含量最高的一种电子装置，它可以将外界的声音转化为神经电脉冲信号，绕过听觉系统里坏死的毛细胞，直接刺激听觉神经的螺旋神经节，将信息传递到大脑。

3. 生活辅助器具

主要指利用听觉以外的感觉器官的感觉功能的设备，主要有闪光门铃、震动闹钟、震动叫醒器、可视电话和手机、言语—文本翻译服务器、电视字幕、文本电话、具有声光联动功能的设备等。

另外，听力残疾人还可以使用导聋犬协助完成与声音有关的功能性活动。

社会对听力残疾人的关注、支持，首先应当体现在关注其群体性问题，最为关键的是创设信息交流无障碍的社会环境。听力残疾人可以通过声音以外的可感知方式交流，比如光、文字和震动，可以采用如下方式：

其一是手机短信与视频，这是我们跟听力残疾人联系、沟通的首选方式。

其二是网络，听力残疾人可以利用这个方便的平台，学习知识、了解信息，进行沟通。

其三是影视字幕。听力残疾人通过收看字幕，能够增进对信息的全面了解。

其四是会议、活动现场提供的速录服务，其速度跟讲话人的语速完全同步，投放到大屏幕供听力残疾人观看，保证了信息传递的实时和全面。

其五是公共场所的无障碍字幕。公共场所对听力残疾人最完美的无障碍环境就是，所有的广播，凡是有声的，都有可视的同步文字或标志显示。现在已有的支持手段，比如银行和医院的排队叫号有屏幕显示，地铁与公交车的报站有滚动字幕，等等。

其六是电子手写沟通板。方便听力残疾人使用书面语跟外界交流沟通。可以用纸和笔，也可以用更先进的电子设备或利用手机写短信息的功能。

第三节　服务听力言语残疾人的基本技能

志愿者不论为什么类型的残疾人服务，都需要树立正确的观念，有正确的态度，增进对残疾人的感情，对残疾人差异性要理解和接纳，建立良好的人际关系，志愿服务才能恰到好处，与听力言语残疾人交往也是这样。

听力言语残疾人通常比较活跃，参与社会的热情和积极性非常高，但是因为交流障碍，难以与健全人顺畅地沟通。因此，志愿者在与之交往过程中，应当以积极的态度，理解他们的实际困难，不断学习相关知识和技能，熟悉他们的个性特征，理解他们的心理需求，志愿服务才会得体、适当。

一、为听力言语残疾人服务的要点

对于单纯的言语残疾人，因为他们的听力没有问题，所以交流时看似没有障碍。

但是，听力残疾给人带来的是隐性信息缺失，在人际交往过程中存在“看不见的障碍”，更容易被忽视，志愿者应当在情感、信息上都给予支持。

对于听力残疾人，沟通时要尽可能近距离地交流，打招呼时轻拍其肩，问一问最合适的沟通方式是口型、书面还是手语。听力残疾人一般都乐意告诉志愿者自己感觉最好的沟通方式。对于一些可以使用口语的听力残疾人，志愿者还需尝试用不同的语速、节奏交流，并且询问：“我这样说话您听得清楚吗？”尽可能保证面对面交谈，并且采用对方可以接受的语音、音量、语速。

聆听既是重要的社交技能，也是工作上必须掌握的技能。志愿者聆听时，需要用心体会、用眼观察，以达到准确、及时的沟通效果，

诚恳则是与听力言语残疾人沟通的基础。面带微笑，不仅能使服务对象感到被尊重和接纳，心情舒畅，志愿者自己也会有轻松愉快的心情，尽快消除双方的陌生感，拉近人与人之间的距离。

二、沟通守则

第一，要注意沟通时的环境、光线，相互平视。人多嘈杂的环境下，背对着听力残疾人大声叫他的名字肯定无济于事。要多

注视他的眼睛，看他的手势（如看不懂手语，可笔谈或者用手机录入文字来交流）。沟通时，全程面向对方，特别是注视对方的眼睛。重度听力残疾人只能用眼睛来“听”，所以他们的注意力都锻炼得非常敏锐、集中，能很快清楚记住并且明白讲者的“谈话”内容。

因此，志愿者在与听力残疾人交流时，肢体、表情、眼神等都是重要的信息源。一般来说，身体要正面相对、微微前倾，保持关注的眼神、倾听的姿态，一个招手的动作，都可以表达愿意交流的态度。千万注意不要手舞足蹈或大声喊叫，那样除了可能吓人一跳之外，没有任何效果。

第二，对话时不要打岔。在多人的场合，听力残疾人会依照顺序交流，当一个人“说”完后，另一个才“说”，表面上看沟通的效率好像很低，但实际上这样可以减少误会，确保了解对方的意思，比争相发言更容易也更快达成共识。

第三，有话直说，内容尽量简单。听力残疾人通常会把自己真实的想法用最直接、最简单的方法表达出来。所以在发短信、手写交流时，要注意言简意赅、直截了当和文明礼貌，不必过于委婉，不要用晦涩文字、刻意幽默或说反话等方式与他们交流，免得引起误解。

第四，不懂就问。手语表达具有一定的局限性，与听力残疾人交流时，遇到不明白或不清楚的地方，一定要向对方再次确认，他们一般都会热情解释。

在听力残疾人面前，健全人切勿频繁地窃窃私语或者转身背对。

三、体态语言的运用

人们在交往和信息传递中运用两种语言。一种是口头语言，即我们所说的话语；另一种就是体态语言，是指人在交际过程中，用来传递信息、表达感情、表示态度的非言语的特定身体姿态。例如我们常说的“摇头不算，点头算”，就是用摇头或点头来表达同意或不同意。不同的体态语可以表现出人们不同的心理特点、精神状态、思想情绪。

口头语言是通过听觉来接收的，体态语言则是通过视觉来接收的，也称为“可视语言”。狭义的体态语言仅涉及人体本身的形体外貌和姿态动作，包括：

眼神与表情。通过面部肌肉的伸缩和运动，特别是眼睛，来显示的情绪，如喜、怒、哀、乐、惊、恐、悲等，以及思想表现，如沉思、注意、想象、拒斥，冷淡、热情、欲望等。

形貌与服饰，主要指人的形体、外貌、服饰显示出的不同个性和气质。

身姿与动作，主要指人的整体姿态和面向，以及个人的全身运动或局部运动所产生的具体意义与象征意义。

广义的体态语言还包括：

环境与色彩，主要指人或物所处的特定时间、空间与处所以及环境中的各种颜色，以显示不同时代、地域、季节等背景和寓意。

距离与响声：主要指人与人、人与物、物与物之间的距离和除语言文字外能构成听觉刺激的各种响声，用以表示主次关系、亲疏程度，加强现场的真实感与渲染烘托气氛。

在人们的交往中，口头语言和体态语言是不可分割、同时存在的。体态语言不是与生俱来的，而是受生活环境、语言习惯、个性修养、情感表达等多种因素的影响而形成的，有着浓厚的个人特质，清晰地反映着个人的内在修养。

任何语言的口语都难以像体态语那样，把人的复杂多变的感情表现得真切、直观而形象。在一般情况下，体态语是配合口语来发挥交际作用的。人们在运用口语的同时，往往也在运用体态语，以加强语势，使语言表达更为强劲有力。

在有些情况下，体态语可以单独用来交流，如口语听不懂、不便用口语表达或口语表达听不清的场合，都可用体态语示意。在与语言障碍者交往时，只能用体态语。自然适度的体态语言，应该符合要表达的内容，符合生活的美学情趣，是理、情、仪三者的和谐统一。

体态语言的运用贵在自然、适度，动作应端庄、高雅。主要包括：

微笑。表现友善、谦恭等美好的情感因素，是在向他人发出理解、宽容、信任的信号。微笑是缩短人与人之间距离最快捷的方法。正如罗杰·E·艾克斯泰尔所说：“有一个世界通用的动作，一种表示，一种交流形式，它存在于所有的文化与国家中，人们不分国别、不分种族地使用它，并理解它的含义。它可以帮助你与各种关系的人交往，不论是业务伙伴还是朋友，它是人们交流中唯一最有用的形式，那就是微笑。”真诚的微笑是发自内心的。

礼貌的微笑要注意声和形的适度，包括眼、嘴、唇的角度。

视线。视线停留在对方双眼与嘴部之间，为社交注视，是常用的视线交流位置。视线停留在对方前额为严肃注视，会造成严肃的气氛。视线停留在对方两眼与胸部之间，为近亲密注视；视线停留在两眼与腹部之间为远亲密注视。运用后两种注视时，应特别注意不要造成误会。

手势。通过手和手指来传递信息，包括招手、摇手和手指动作等。手势在日常交流中使用频率很高，范围也很广。手势动作的准确与否、幅度大小、力量强弱、速度快慢、时间长短等都是有讲究的。不同国家、地区、民族，由于文化习俗不同，即使是同一手势，表达的含义也不相同。几种常用的手势如下：

竖起大拇指，一般表示顺利或夸奖别人。但也有很多例外，如在美国和欧洲部分地区，表示要搭车；在德国表示数字“1”，在日本表示“5”；在澳大利亚则表示骂人，在尼日利亚等地，这个手势也被认为非常粗鲁，必须避免使用。

“OK”手势，将拇指、食指相接成环形，其余三指伸直，掌心向外。在美国，这种手势表示“同意”“顺利”“很好”；在法国则表示“零”或“毫无价值”；在日本表示“钱”；在泰国表示“没问题”；在巴西、俄罗斯和德国则有粗俗下流的含义。

V 形手势，食指与中指伸直分开，手心向外，其余三个手指屈向手心。这种手势源自英国，由二战时的英国首相丘吉尔发扬光大。因为 V 字在英文中代表胜利（Victory）的第一个字母，以此表达胜利欢欣的意义，现在已传遍世界。但如果将掌心向内，就变成骂人的手势了。

举手致意，也叫挥手致意，一般用来表示问候、致敬、感谢等。当你看见熟悉的人又无暇分身时，就举手致意，可以立即消除对方的被冷落感。但要注意掌心向外、向着对方，张开手掌，指尖朝上。

点头和摇头，在世界上大多数地方，上下点头表示“是”，左右摇头表示“不”。然而在保加利亚刚好相反，点头表示“不”，左右摇头表示“是”。

身姿。身姿是一个人的思想感情与文化修养的外在表现，表现为走路姿势、站立和坐的方式。不同的站姿、坐姿、步姿可以表现出不同的精神状态、思想情绪。与人的眼神、话语、笑容一样，能展现人的内心世界。志愿者要有自我约束意识，站如松（直），行如风（轻快），坐如钟（挺拔）。

身体接触。人际交往中常用的身体接触或触摸行为主要有：握手、亲吻、拍肩、牵手、拥抱、拥肩、挽臂等。身体接触行为具有十分明显的文化差异。不同国家、地区、民族有着不同的风俗习惯，各自的身体接触行为大相径庭。如西方国家，熟人在大庭广众下拥抱、亲吻是习以为常的事，东方国家的人对此就不太习惯。

身体的接触也有行为规范。不要贸然与他人握手，此外，交叉握手，长时间握手，在对方正在与别人握手时凑上去握手，该出手时慢腾腾或者该先伸出手时不伸手等，都是不礼貌的。另外，握手时的神态也非常重要，目光游移、心不在焉、看着其他人而不是握手对象都是不礼貌的表现。

四、学习手语

助残志愿者应该适当掌握一点手语。学习运用手语，不仅可以多掌握一种语言，而且可以与听力残疾人尽快亲近起来，奠定交流的感情基础。当听力残疾人遇到可以准确、熟练地使用手语的志愿者时，会自然而然地愿意接触，进而真正地用心交流。手语有助于走进彼此的内心世界。

有志于学习手语的志愿者，一开始手势就要尽量规范、标准，有可能的话，与一些听力残疾人朋友交流，在与沟通实践中多多磨炼。如果一时不能掌握丰富的手语词汇，也可以学习一些简单的手势，比如：右手伸出食指指向对方，然后握拳竖起大拇指，表示“你好”。右手握拳，伸出大拇指，朝对方弯两下，表示“谢谢”等。不要用单指直接指向别人。

志愿者学习手语，方便与听力残疾人朋友交流，但是学会并掌握手语是一个较为长期的过程。初学者与残疾人交往不多时，在一些手语的运用上要格外严谨、注意分寸，注意手语的准确性和表情的配合。比如“等一等”和“活该”的手语，如果打得不准就容易混淆，造成误解。这两个词的手语所配合的表情是大不一样的，表达“等一等”时一般面带微笑，而表达“活该”时肯定是生气、愤怒的表情。

有听力残疾人出席的会议等，一般需要由专业人士或者有专业技能的手语志愿者担任翻译。手语翻译应站或坐在合适的地方，不要遮住讲话人，同时也要让残疾人容易看见。仪表要端庄大方，服装要与背景有反差，不戴手套和明显的首饰。精神饱满，动作潇洒，用真诚的情绪感染大家，手势尽量干脆利落、清清爽爽，不能拖泥带水、马马虎虎。手语翻译的用词和手势要适合当地听力残疾人的习惯，翻译过程中不要分神或随意中止手势，更不能够随意挖耳朵眼、剔牙齿、搔痒等。

五、讲话不要太随意

许多言语残疾人在听力上没有障碍，志愿者千万不能以为对方听不到，讲话就过于随意，要养成文明用语的习惯，如“您好”“请”“谢谢”“对不起”“再见”等。准确、恰当，带着真情使用文明用语，会拉近与残疾人的距离，彰显志愿者的修养和礼貌，展现诚恳的态度，提升服务的效果。

志愿者恰到好处地向言语残疾人表示亲近友好，以认真的态度，主动关心言语残疾人，会建立良好的沟通，成为服务的基础。要注意以下几点：

一是尽量记住言语残疾人的姓名，身份、职称等，这意味着对人的重视，有利于拉近感情距离，提升服务质量。

二是善用尊称。可以从言语残疾人的职业、身份、年龄等方面入手，选择对方可以接受的尊称，做到称呼恰当。面对多位言语残疾人时，应分清长幼、男女。禁用“喂”“哎”或不恰当的代称，如“下一个”“老头”“某某号”等。

三是积极倾听言语残疾人的要求。志愿者与言语残疾人交往时，自己首先要保持说话发音标准、语调柔和、语速适中、语气谦恭。特别要注意聆听，尽力了解对方表达的意思。尽量不要重复言语残疾人的话，以免对方误以为你在模仿和嘲笑他，提示对方时，要注意措辞。比如有的无喉者掌握了食管发音的方法，但发音频率低，说话时个别字可能发音不准，志愿者若没有听清楚，可以说“请您重复一遍，好吗？”，而不要说“你好好说”“再大点声”等。

第四章

服务肢体残疾人的知识与技能

第一节　了解肢体残疾

一、肢体残疾

肢体残疾也称肢体障碍、肢体损伤等，是指人体运动系统的结构、功能损伤造成的四肢残缺或四肢、躯干麻痹（瘫痪）、畸形等导致人体运动功能不同程度丧失以及活动受限或参与的局限。肢体残疾主要包括：①上肢或下肢因伤、病或发育异常所致的缺失、畸形或功能障碍；②脊柱因伤、病或发育异常所致的畸形或功能障碍；③中枢、周围神经因伤、病或发育异常造成躯干或四肢的功能障碍。

具体分级标准见《残疾人残疾分类和分级》。

二、肢体残疾对人的影响

肢体残疾人大多在感知、注意、记忆、思维等认知过程方面与健全人并无区别。但是，由于身体损伤，某些能力的丧失和随之而来的社会角色、经济收入等的改变，再加上社会上某些不正确的价值观导致的不公正态度，会影响一些肢体残疾人的心理、个性，进而影响其社会参与。

从生理上看，人体会努力弥补机能损伤、发挥其他器官的代偿功能，尽量恢复平衡。但是从心理角度，补偿的程度是因人而异的。个人的主观能动性高度乃至极度发挥，作用往往很强大，一些因为意外、疾病造成的残疾反而可能激励人奋发向上。在一定程度上讲，残疾人自身对自己残疾的认知、理解和态度，对于其融入社会生活具有重要作用。

不同年龄段的肢体残疾人会有不同的服务需求。按照一般情况来说：

婴幼儿期（0 至 6 岁）的肢体残疾人更需要医学康复，主要是抢救性康复、矫形手术等，以使肢体功能得到最大程度的恢复，为未来的生活和康复打下更好的基础。

儿童期的肢体残疾人（7 至 15 岁），其需求主要是接受教育。良好的教育可以帮他们开阔眼界，掌握更多的知识和生活职业技能，为下一步的就业做好准备。

成年期的肢体残疾人（16 至 59 岁），其主要需求是就业，就业不仅关系到他们独立生活能力和自信心的养成，还关系到家庭、婚姻等。

老年阶段的肢体残疾人（60 岁及以上），主要需求为养老。

第二节　肢体残疾人的服务需求

肢体残疾系运动器官部分或全部缺失，运动功能部分或全部丧失，会影响个体的日常生活活动。肢体残损的部位和程度不同，对个体运动功能和能力的影响也不同，运动器官缺损越多，对个体的能力影响就越大。肢体残疾还会使残疾人的活动范围受到限制。由于肢体的障碍，在没有实现无障碍的环境中，肢体残疾人的行动将会受到极大的制约，无法独立进行活动，参与社会活动受限。社会环境中设置各种人性化的适应性设备，能极大改进肢体残疾个体参与社会活动的状况。

肢体残疾主要影响人体的运动功能，使日常活动受到限制，影响社会生活的参与，因此，帮助肢体残疾人恢复肢体功能，减少日常活动的限制，提供参与社会生活的便利就显得非常重要。由于肢体残疾人肢体功能的受损情况比较复杂，功能受限的情况也千差万别，提供帮助也需要充分考虑其个性化的需求。针对肢体残疾人的个别差异，可以考虑为其提供健康护理、康复训练、环境支持，辅具支持等。

一、健康护理服务

肢体残疾主要是由四肢器质性疾患和损伤引起的残疾，因此，日常生活中，对于残疾程度比较重的肢体残疾人，特别是长期卧床者或无法行动者，需要提供一些特别的健康护理服务，比如排便和大小便的清洁、常用药物的服用、心理疏导等服务，还有日常姿势、抬起和移动的辅助等。

二、康复训练服务

康复训练服务，主要是指为肢体残疾人提供物理治疗和职业治疗的康复服务。物理治疗侧重于运动技能、动作和姿势、矫形器的运用等方面的康复训练，如果有需要或条件允许，还可以提供水疗、热疗和电疗等理疗服务；职业治疗侧重于功能性训练和有助于学习、就业、娱乐、日常生活活动的参与训练服务，或者辅具支持下的功能性活动训练服务。康复训练服务是每一位肢体残疾人都需要的。

三、辅具支持服务

辅具支持主要是指提供能够帮助、促进或保持肢体残疾人的功能和能力的设备设施，通常对于不同残疾类型的肢体残疾人，需要提供不同的辅具支持。

对于患有不同病症的肢体残疾人，还需要根据具体的病症，提供适宜的辅具支持。比如，脑瘫患者可能需要维持身体位置和姿势的改善功能的辅具，偏瘫和截瘫患者可能需要充气床垫、电动起立床和帮助其翻身、行走的辅具等。

肢体残疾人常用的辅助器具有：矫形器、假肢等行走类辅具，拐杖、助行器、轮椅等移动类辅具，进食、穿戴、个人卫生、学习等自助辅具，保持一定姿势的摆位辅具等。

1．矫形器和假肢

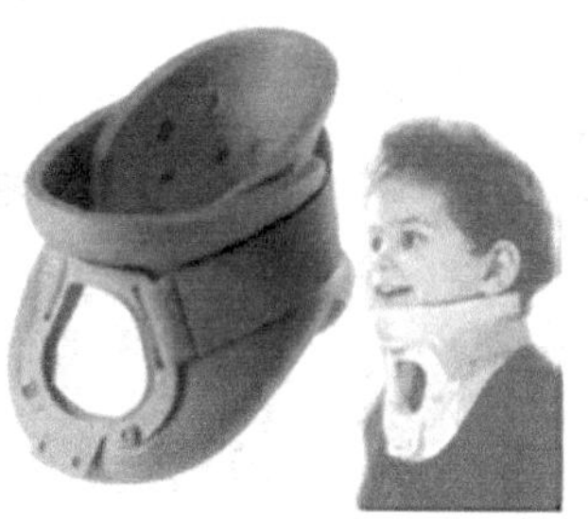

矫形器

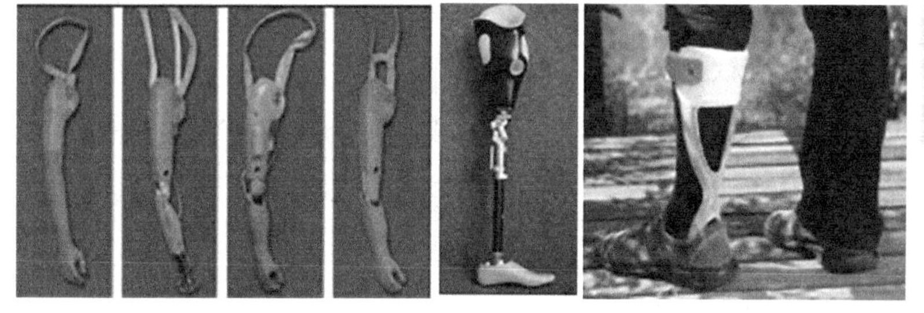

假肢

2．生活自理及防护辅助器具，包括穿脱衣帽鞋袜等的辅助器具、大小便收集器具、五官肢体防护器具、洗漱浴洁身辅助器具等。

3. 个人移动辅助器具，包括各种拐杖、助行器、轮椅、机动车和自力车及其附件等。

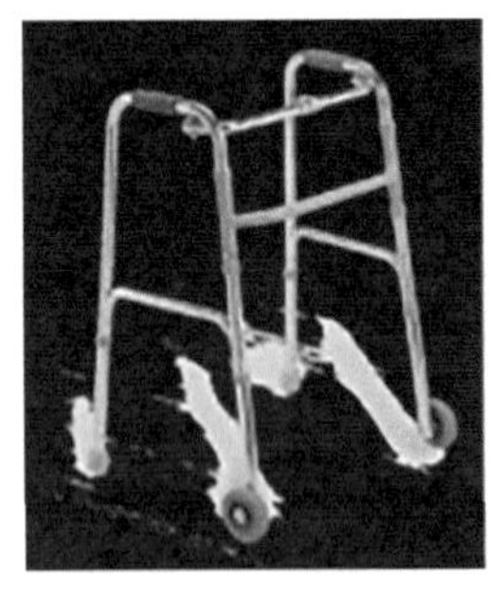
轮式助行架

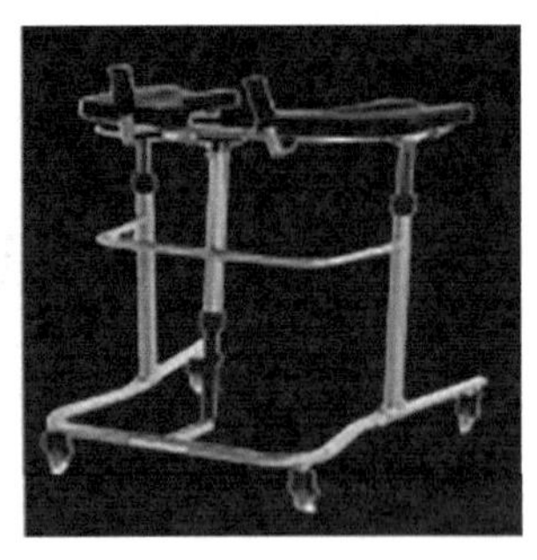
助行台

4. 家务管理辅助器具。一是用于准备、清洗、储存食物和进食的特殊餐饮器具，如单手切菜板、水果削皮器、单手炒锅架、单手开瓶器、夹持式筷子、防洒碗碟、防滑布、带粗把的餐具、

粗柄勺叉

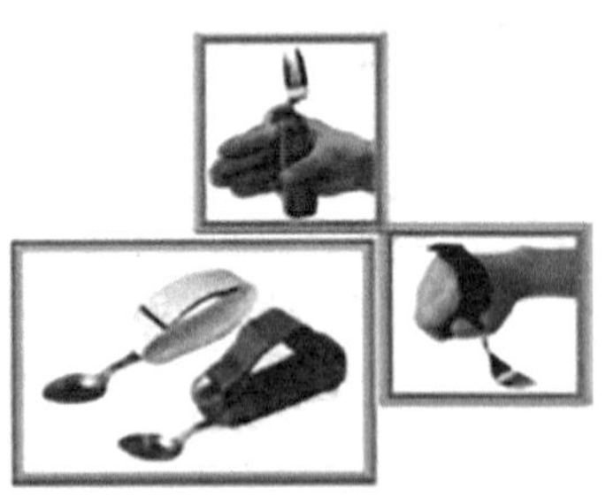
掌套式勺叉

水杯、重残人的喂食用具等；二是清扫房间及缝补衣服的有关器具，如持物钳、长把扫把和簸箕、吸尘器、专用缝纫机、编织机、剪刀、顶针、洗衣机、刷鞋用具等。

5．残疾人家庭及其他场所使用的家具及适配件。常用的有：桌子、固定灯、可调座椅、高度可调床、可调整躺姿的床、滑动门、转动门、家用升降装置、楼梯防滑材料、急救信号铃、防护栏等。

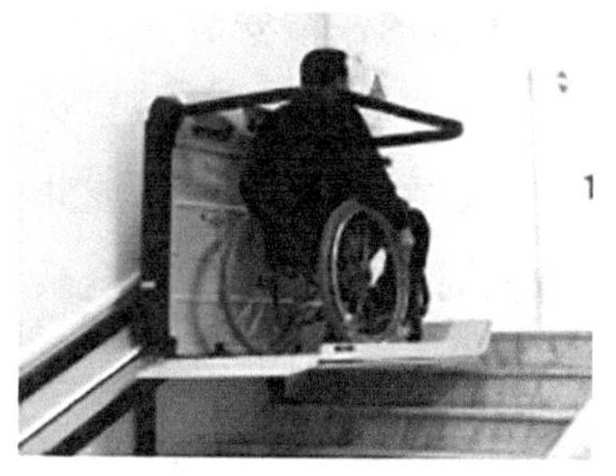

6．通信工具、信息及信号辅助器具，包括视、听、读、写辅助器具。肢体残疾人常用的有：用短木棒加粗的持笔器、打字自助具、方便残疾人阅读的自助具（比如供长期卧床患者阅读使用的放大镜）、翻页器、替代性键盘、替代性鼠标或电脑的特殊输入装置。

四、环境支持服务

肢体残疾虽然影响人体的运动功能，使身体活动和行走受到限制，但是如果能够考虑到肢体残疾人的活动需求，提供无障碍的环境设计，将会有助于消除肢体残疾人身体活动的限制，大大提高其身体功能和社会参与的程度。

居室

要保障轮椅移动顺畅，出入门、电梯，楼门楼道的出入口都要确保无障碍通行。上肢缺失者居室的门把手，必须是一字形。随着科技的进步，门窗可设计为感应式，将极大方便上肢缺失者。

卫生间

要提供轮椅的停留空间，可在浴盆的一端安装洗浴坐台，或在淋浴喷头下方放置安全座椅。在坐便器及浴盆或淋浴喷头周围，需要设置安全抓杆。在浴缸的一侧，要留有直径不小于150cm的轮椅回转空间，以方便乘轮椅者。淋浴喷头应安装在方便残疾人取用的位置。

上肢缺失者如厕和洗浴均会遇到很多障碍，可根据他们的特殊需求，在厕所安装穿脱衣裤的装置、辅助洗澡的装置，有利于他们的自理。

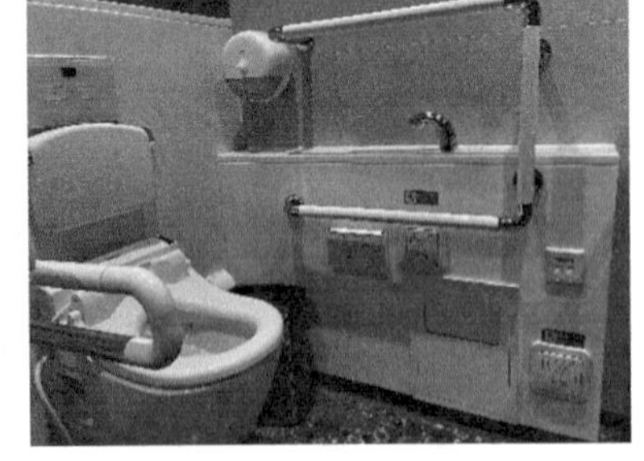

重度肢体残疾人的居室及卫生间内应设置呼叫按钮，遇到紧急情况时可以及时按下求助。

可以考虑为肢体残疾人提

供无障碍卫生间和浴室、无障碍的交通工具、电梯与升降平台、坡道。

还可以提供一些更人性化的环境支持，比如银行、商店的低位柜台，可调节高度的餐桌，在大型的公共场所提供轮椅座席、残疾人车位，酒店提供无障碍客房，在人行道口和人行横道两端修建缘石坡路。

第三节　服务肢体残疾人的基本技能

为了使肢体残疾人乐于接受和认可我们提供的服务，志愿者需要掌握一些特别的基本技能。

一、基本服务理念

1. 尽量让肢体残疾人做力所能及的事，当他们明确表示不需要帮助时，志愿者不要强行上前帮忙，也尽量不要干预，只提供辅助支持即可。比如拄双拐的残疾人行走或上下楼梯时，如果志愿者贸然扶一把，反而容易使他们的身体失去平衡，这样帮倒忙也很尴尬。

2. 助残服务应尽量减少身体接触，努力减少环境限制。志愿者要为残疾人创造良好、便利的环境，提供服务不一定通过直接身体接触。

比如：为上肢损伤和截肢者服务时，需要观察了解他们的习惯。单臂与双臂的截肢者，需求各不相同，有的人可以用嘴、手穿衣和系鞋带。当志愿者发现肢体残疾人有些问题没有完全解决时，可以给予提示：如鞋带是否系好，所带的用品是否需要帮助拿放，等等。

肢体残疾人大都有一定的自理能力，更注重生活的自主独立。失去双臂的残疾人在长期实践中往往练就了独特的生活自理方法。在帮助就餐时，除非他们直接求助，志愿者只要询问他们需要什么餐具即可，切忌直接喂他们吃东西。

3. 尊重也体现在保护残疾人的隐私和习惯上，特别是在更衣、如厕时，有的肢残人可能因大小便失禁使用尿不湿，有的脑瘫患者言语不畅、沟通困难，还有的人我们不知道有什么特殊需要。只有得到残疾人的同意后，志愿者才可陪同其进入更衣间、洗手间，给予恰当、适时的帮助。因此，志愿者要随时做好准备，一旦残疾人求助，就要尽力相帮。

4. 引导肢体残疾人和脑瘫残疾人行进时，速度要缓慢，要特别注意路面的情况，当路滑或路面有水时，要给予提示。肢残人上下台阶时，如果对方同意，志愿者可以伸出一只手臂，让对方以主动的方式扶住你，随时可以放开，这样比较恰当。走平路时，志愿者应主动走在残疾人侧前方 1.5 米处。上坡道时要缓慢，志愿者要走在残疾人的侧后方或不方便的一侧，并保持一定的安全距离。与持有助行器（单拐、双拐、手杖）的残疾人同行，上楼梯或乘电动扶梯时，最好走在他们前面，不要让他们有紧迫感。为了方便照顾，志愿者也可在征得肢残人同意后，陪伴在合适的位置。与单手使用辅具（如拐杖）的残疾人同行时，可搀扶其不用辅具那一侧的手臂，必要时，经残疾人同意，可以协助其完成在坡道上或较窄通道中的行进。

5. 学习以“我”字而不是“你”字开头，询问对方需求。在服务时，“我能为你做点什么？”比“你需要帮忙吗？”更容易让人接受。

当双方出现误解或沟通障碍时，尤其是情绪不佳（抱怨、愤怒等）的状态下，往往会指责对方，表示不满。用“你”作为话语的开头，会把说话者的指责意味表露无余，促使对方急于为自己辩护，把沟通的大门关闭，从而引发争执。因此，在提到自己感受的时候，要注意“我”字的运用，如果将“你”换成“我”作为主语，有助于准确地表达出自己的感受，引起正向注意，让对方不会有被批评的感觉，促使双方开始沟通。

在这个基础上，可以描述对方的行为，你对他行为的想法，你的感觉，对方的行为对你（们）造成的影响等。经过这样的处理，富有激烈对抗意味的话语就会被调整得温和而合理。这个沟通技巧在实际生活中很实用，能降低对方的防卫心和攻击性，打开沟通之门。志愿者也可以了解到，当服务对象用言语表示不满时，要更好地理解与帮助他。同时，诚恳的态度也更容易获得被服务对象的认可。

6. 无论是到家中还是宾馆，造访重度肢残人之前，一定要预约，事先征得本人同意。因为许多残疾人一旦没有佩戴假肢、支具，没有乘坐轮椅，行动就会非常不便，意外来访会给他们带来压力或尴尬。

7. 大部分的脑瘫患者伴有不同程度的言语困难，志愿者为他们服务时，需要掌握一些特殊技能与方法。可以通过书写、打手势、提问等方式来交流。例如，可以使用图文对照的交流画板或手册，让言语困难者指点图或字，或拼出单词来沟通。严重的脑瘫患者即使不能用手指点，也可用牙咬住一根小棍指点，或用眼睛注视画板上的图文。也可以由志愿者事先对一系列需求信息进行组织，每次提出一个问题，如“要喝水吗”或“要到外面去吗”，语言困难者可以用预先商定好的信号作答，如以点头或握拳表示同意，以摇头或伸开手掌表示不同意。对方听不懂问话时，志愿者可以用卡片提问，或利用简单明了的手势进行沟通，如用手做拿杯子喝水的动作、擦汗的动作，语言困难者也能看懂。

交流画板

	穿衣	刷牙	假牙	饭	蔬菜	桌子	电视	钟	扑克	寄信	医生
卧下	上衣	洗脸	洗澡	菜	水果	椅子	收录机	录放机	象棋	理发	护士
起床	裤子	刮胡子	开窗	汤	鸡	柜	风扇	开灯	骨牌	手杖	
厕所	背心裤衩	梳头	关窗	茶	鸭		冰箱	关灯	麻将	轮椅	
便盆	鞋袜	化妆	开门	冷饮	鱼	纸 笔	电话			小汽车	
尿壶	帽子	眼镜	关门	面包饼干	肉	书	弹琴				

时间 12 1 2 3 4 5 6 7 8 9 10 11

天气

汉语拼音字母表

A B C D E F G H I J
K L M N O P Q R S T
U V W X Y Z

《中国病人家庭康复图解》
缪鸿主编 1990.8

8．志愿者在帮扶残疾人的过程中，会与他们逐渐熟悉起来，并且成为好朋友。对于他们的一些无意识的不良习惯，要学会善意提醒，这也体现了尊重。

例如，一些下肢残疾程度较重的朋友，过于坚持不架拐或坐轮椅而不得不十分费力地行走，不仅会面临艰难痛苦，还会造成身体损伤。随着年龄增加，残疾也会加重。志愿者可建议他们使用拐杖或轮椅，一是为了保护残肢，避免过度负重，二是举止也更容易获得别人的接受。

如果三个以上的残疾朋友为了方便聊天，希望志愿者将轮椅并排推，志愿者也可善意提醒他们，不要因此妨碍其他车辆或行人的正常通行。

二、轮椅助行技能

下肢残疾程度较重的残疾朋友可能需要轮椅代步。一般常见的生活轮椅，其动力部分是由两个滑行的车轮和驱动轮共同组成，其他主要部分有：前支撑小轮、轮椅架、座靠、脚踏板、刹车装置及后推把手。作为一个志愿者，要知道轮椅的主要部件及其主要功能，掌握轮椅助行的方法。

1. 平稳推车

当肢残朋友稳坐轮椅车中，需要前进时，2 米内不应有障碍物。推车人两眼要始终注视前方，双手握住把手，身体与地面垂直，手臂自然弯曲于腰的两侧，依靠腿的力量，通过两手推动，使轮椅平稳地向前移动。推车人前进时的步子距离要尽量相等，不宜过大，要匀速行进，不能急停急行，要让坐车人感到舒适和安全。需要停车时，应先放慢速度，可以用语言告知坐车人，再慢慢停下，切忌急停。如果还要继续行进，轮椅停稳后，推车人不要离开，两腿并立，保持启动的姿势。

二辆以上轮椅纵列行进，不仅前后间距要足够，轮椅还应该左右错开前行，既可防止后面的轮椅脚踏板铲伤前面的志愿者，也可使每一位乘坐轮椅的残疾人都有良好开阔的视野。

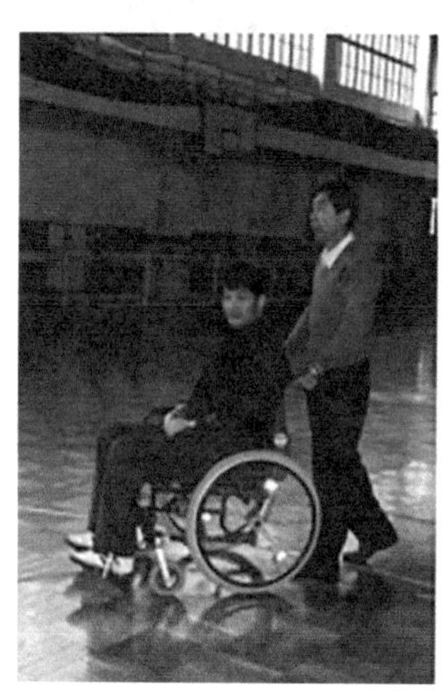

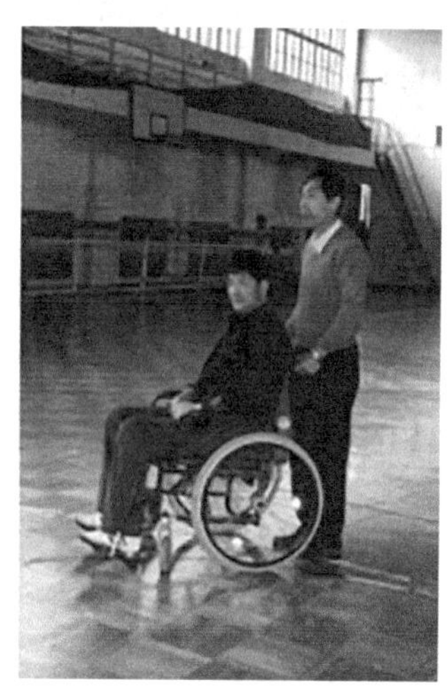

2. 转弯和进门

行进中，要按中国的习惯靠右行进，当接近人群或需要转弯时，应给予提示并减速。左转时，左手轻拉住车把手，右手慢推，弧形调整前进方向，然后继续行进动作，右转时方向相反。不要原地两手前后扭动车把。

在通过安检门和较窄通道时，始终走在车后中间的位置，平稳行进，不可回头和左右张望，用眼睛余光测好间距即可顺利通过。

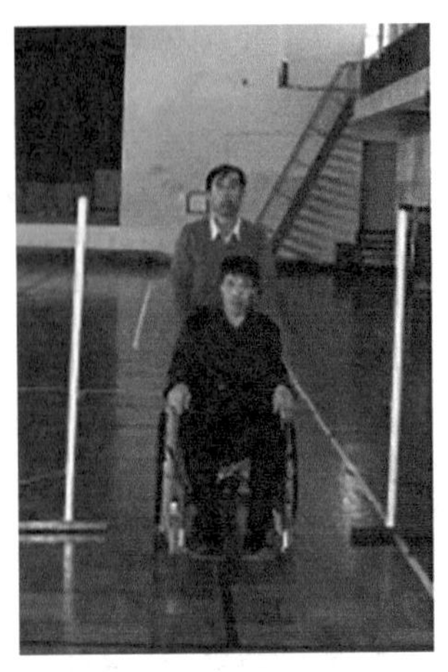

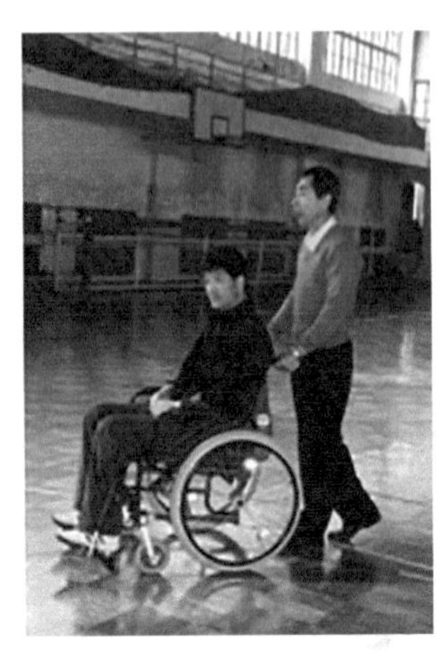

3. 上坡、下坡和通过障碍

上坡时，蹬地的腿要平稳，慢用力，两臂保持屈位，手握车把手，身体微向前倾。切记两臂不得伸直，两腿不要大步向前迈，身体重心不能向前靠在两手上，以免滑倒和蹬空，不要突然加速发力，要始终保持身体与车把手的正常状态，与车一同前进。

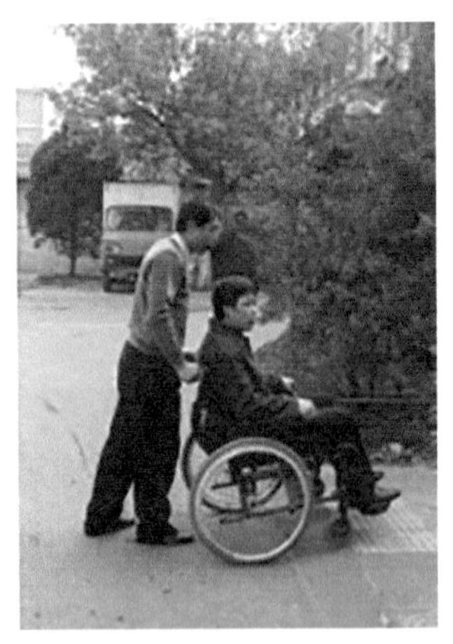

正确的上下坡推车动作

下坡时手臂弯曲，不要再往前用力蹬腿，身体略后仰，双手控制车的前冲，保持平稳行进。当遇到较大的坡时（一般指坡度超过 15 度），应尽量采用倒车下坡的方式，推着车缓慢倒退滑行，一定要控制车速，保证乘车人的安全。

错误的上下坡推车动作

我国的道路一般为无障碍通道，但轮椅在室外道路上行进时，也可能会遇到减速墩。过这类小的障碍物时，应首先提示乘车人。通过障碍时，两臂后压，使轮椅的前支撑小轮先通过，然后稍加力向上，匀速向前推，即可顺利通过，切忌用力向前冲。

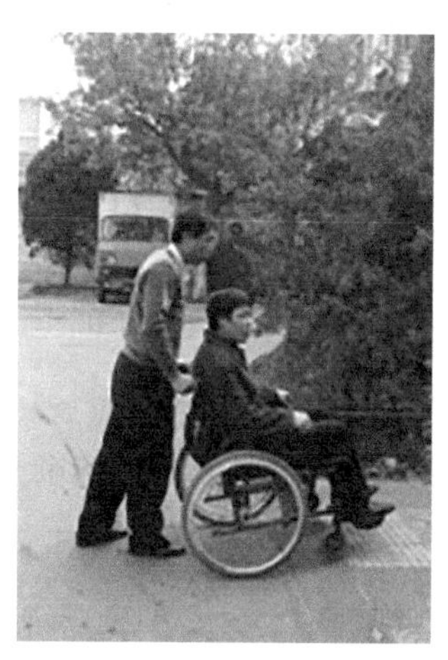

4. 上下汽车、乘电梯

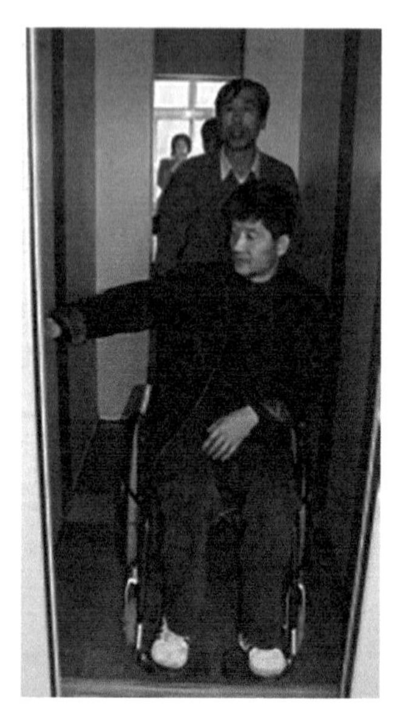

推着轮椅乘坐无障碍专用汽车时，先提示轮椅乘坐者，然后推车人身体紧靠轮椅向前推动，同时两手稍下压，使轮椅的前小轮先上踏板或升降板，然后前推行进。人与车同时进入车厢，并转向进入停车的区域。然后协助乘车人将轮椅车上的安全带固定好，下好手刹。下车前，待车停稳后，解开安全带，推车人双手持稳车把，采用倒推的方法，将轮椅平稳推下车。如遇到几辆轮椅同乘一辆车，一定要预先排好次序，第一辆轮椅安全下车后，第二辆再开始推。

乘坐电梯时，先目测电梯门的宽度、长度，用窄通道后退推车的方法倒着进入电梯厢，正着推出；进出要慢，以便轮椅乘坐者看清自己要到达的楼层，并按下电梯指示钮。当两辆轮椅同乘电梯时，同样要注意先后顺序，先下的后上。乘自动电梯时，注意防止轮椅被电梯门夹住。

5. 辅助乘坐和离开轮椅

当残疾朋友需要乘坐轮椅时，应在征得本人意见后，将轮椅推到最佳的位置，位置一般有侧并排和斜前方两种，这样，坐车人通过手臂支撑就可以较顺利地转移到轮椅上。当残疾朋友需要离开乘坐的轮椅或换乘轮椅时，应当首先把车停放在坐车人满意的最近位置，提示或帮助他下车。如坐车人可以自主离开轮椅，推车人要帮着扶稳，因为这时候，大部分肢残朋友要用手臂支撑在轮椅上以帮助身体移动，所以保持轮椅的稳定是极为重要的。

6. 更换轮椅

单人帮助法。主要针对乘坐轮椅的人有一定能力，但无法完全自主地更换车辆的情况。首先要把轮椅推到需要换乘的轮椅侧前方，然后将轮椅下刹车固定，志愿者走近残疾人，让其单臂或双臂搭在自己的肩上，重心前移，头靠在自己与要换乘的轮椅相反的一侧，使志愿者可以侧头看到要换乘的轮椅。然后志愿者抱住残疾人的腰部，转体，借助前驱力，将其移至要换乘的轮椅中，再协助其调整好姿势。在移动过程中，志愿者应注意贴近残疾人，一起一放要准确，转移时，两腿要平稳移动，如残疾人体重较重，则应采用双人帮助法。

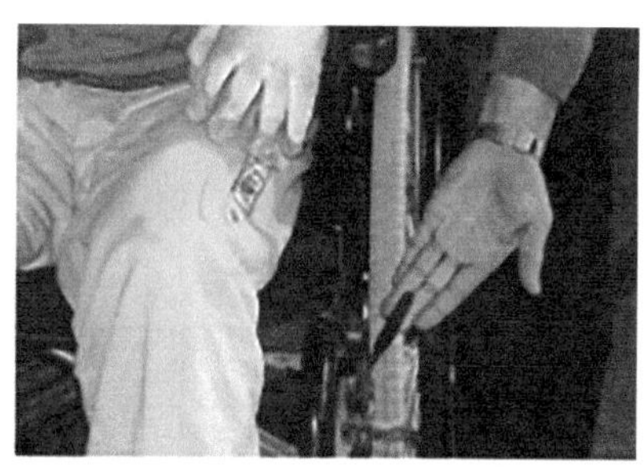
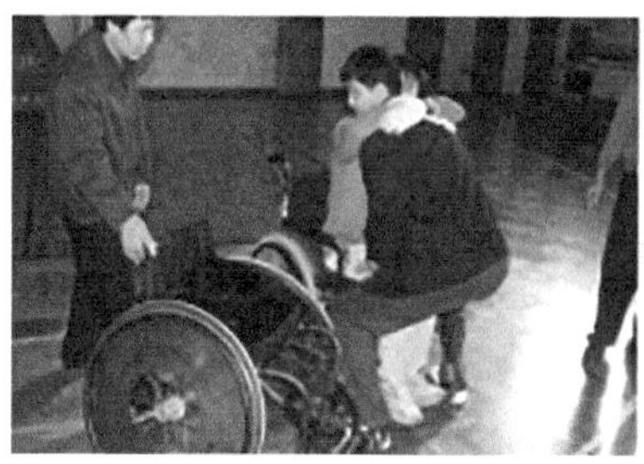

双人帮助法。调整好车位，车与人的距离一般比单人帮助法远，两个帮助者在换车人的左右两侧，换车人两臂打开，搭在两人的肩部，两人外侧手拉住换车人的手，里侧手向下，在乘车人的臀下拉手，同时向上抬，将换车人转移到需要乘坐的轮椅上。在换车时要注意，换车人必须是前驱位，转移时，两个帮助者要靠近换车人，同向、同步、同时平稳移动，完成换车的动作。

平行移动法。先将两车置于平行位，把生活用车下刹车。一人在后，双手通过乘车人的臂下抱住其胸部；另一人在前，双手抱住其大腿上部，两人的眼睛一同看向另一车，一起抱起乘车人侧向平移至另一车中。

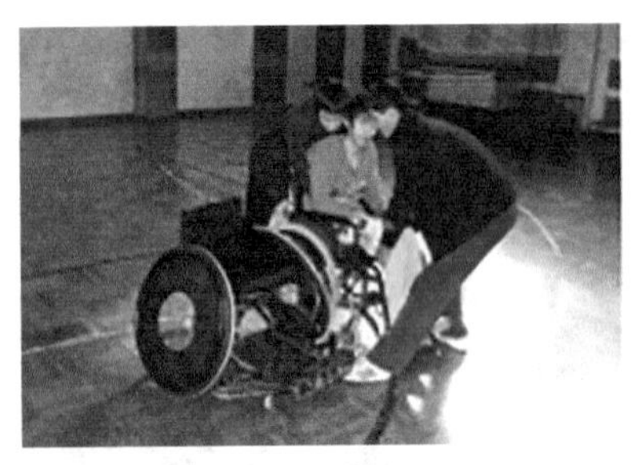

帮重度残疾人更换车辆时要注意，在整个操作过程中，残疾人应始终保持前驱位，不要在背后拉拽他们，因为他们行动不便。帮助者要贴近乘车人，眼睛要注意更换车辆的位置，同时要掌握借助乘车人前驱力量移动的技能。

7. 常见错误案例

①目测距离不够。乘坐轮椅的人在进出门时，由于推车人没有经验，不减速，轮椅脚蹬板碰到门框底部导致急停，受惯性影响，轮椅侧转，乘车人亦向前移动，身体受到撞击。推车人应始

终保持正确的推姿，从门的正中央减速通过，人多时也应先减速，并提示他人让路，再进出门。

②上坡时推车人滑倒。有些坡道，上坡的距离较长，如果一脚蹬滑，就会导致车子后滑，造成事故。因此，上坡时一定要人车一体，缓慢行进。

③坐电梯时正向推车进入。有些志愿者正向推车进入电梯，导致坐轮椅者难以按到指示钮，到达后，由于是后退而出，不能及时看清外面的情况，容易与其他乘梯人相碰，造成不愉快。

④行驶间距不足。志愿者推轮椅前后纵队行进，各车行驶速度不均匀，后车的脚踏板铲到前面推车志愿者的小腿、足跟，造成外伤。2006 年，某次迎奥运大型活动中，有十余位残疾朋友乘坐轮椅，由没有经过培训的志愿者负责推进会场，成一列纵队先后进入大厅。因为人流较密集，轮椅行进缓慢，后面的轮椅为了跟上前面的步伐，间距严重不足，几乎所有轮椅的前脚踏板都会触碰前面推轮椅志愿者的小腿或者足跟，有的志愿者甚至被碰出血。

⑤过度热情。残疾人人拄拐杖或者乘坐轮椅出行时，目标比较显著，志愿者见到拄拐杖、坐轮椅的残疾人，会多给予一些关注，但是，残疾人没有任何障碍、不需要关注的时候，让他们自由、自主行动，才是尊重。有一次，一个坐轮椅的脑瘫成年人自行驱动轮椅进入宾馆，服务员为其打开大门，看到他驱动轮椅行进很费力，便一直随行，反复询问是否需要协助。尽管残疾人多次表示不需要陪伴，自己可以行动，但是服务员很坚持地跟着他，所到之处大声呼喊着请大家让开道路、让开电梯，一直伴随到活

动地点后，仍然一再嘱咐残疾人“有需要随时联系我”，还关照邻座的朋友给予照顾，等等。宾馆服务员可能认为这种无微不至的关照才体现一流的服务水准，但是残疾人朋友被过度的热情搞得不知所措。在残疾人看来，服务员的所有行为，都是在突出自己与众不同的弱者形象，表示自己是需要关照的对象，在众目睽睽之下强调自己的残疾，但是这位服务员的出发点又是善意和好心，令人无奈。

助人时要注意方式方法，要先征得残疾人的同意，再提供帮助。所有人都有自尊心，残疾人并不喜欢别人的怜悯。如果不事先征得同意就去帮忙，残疾人可能会感到被冒犯，这反而会使双方陷入尴尬局面。肢体残疾人能自己做的事情，一定要鼓励他们自己做，如果认为他们身体不方便，就要为他们提供帮助，“做好一切事”，忽略了他们的能力，反而会伤害他们。志愿服务不提倡保姆式的无微不至。

第五章

服务智力残疾人的知识与技能

通常人们会认为智力残疾人智力低下，什么都不懂，什么都不会做，但实际上，他们的潜在能力可能远远超出了我们的想象，更重要的是，他们的权利与尊严我们必须维护。只要社会给予他们更多理解、更多关爱、更多帮助，他们就能够像我们一样享受生活、享受家庭，和我们共享社会成果，成为社会大家庭中的一员。

第一节　了解智力残疾

一、智力残疾

智力残疾人是指，智力显著低于一般人水平，并伴有适应行为的障碍。此类残疾是由于神经系统结构、功能障碍，使个体活动和参与受到限制，需要环境提供全面、广泛、有限和间歇的支持。智力残疾包括：在智力发育期间（18 岁之前），由各种有害因素导致的精神发育不全或智力迟滞；或者智力发育成熟以后，由各种有害因素导致的智力损害或智力明显衰退。

具体分级标准见《残疾人残疾分类和分级》。

二、智力残疾对人的影响

智力残疾主要对人的大脑和功能产生影响，这种影响不仅涉及人的神经系统结构，还会涉及个体的功能、活动参与和适应性行为，智力残疾人的智力水平显著地低于健全人，智力水平较低的个体甚至在生长发育和健康水平方面也与健全人存在较大的差异。

智力残疾对个体的影响是多方面的，并且在人生的不同阶段都会对个体产生影响。在青少年阶段，主要对个体的认知功能产生较大的影响，比如无法识记各种知识，不能理解各种概念，缺少学习的动机和兴趣。在成年阶段，智力残疾将导致个体不能独立生活，缺乏自我保护意识，不能正确处理成年人应该面对的各种问题。这种影响，使得智力残疾个体需要人们给予各种支持与帮助，往往终身都需要监护。

智力残疾对个体社会生活能力产生的影响主要体现在，智力残疾导致认知水平较低，智力残疾人无法理解并处理生活中的各种问题，尤其是生活自理、社会交往、婚姻与家庭、就业、安全及人际关系等方面。智力残疾人在社会生活方面，往往终身需要他人的帮助。

智力残疾会造成多方面的影响，智力功能限制对不同的个体及其不同发展阶段的影响是存在差异的，下面我们按人生发展阶段，将智力限制对人的影响做一个简要的归纳。

（一）对儿童及青少年的影响

智力残疾的儿童和青少年像普通孩子一样，正处在发展的关键期，适应社会和接受教育是他们这一阶段的主要任务，也就是生涯发展任务，但是智力残疾会使他们面临与其他孩子不一样的问题。

1. 对认知功能的影响

认知功能是儿童与青少年适应社会与接受教育所应具备的基本能力，也是有效学习的基本要求。智力残疾对儿童及青少年认知功能的影响主要表现在以下几方面：

第一，智力残疾儿童和青少年记忆力较差，老师刚教会的字，转身就会忘记。

第二，智力残疾儿童和青少年学习速度缓慢，学习新知识和新技能的速度低于健全儿童。比如认识一种动物，健全儿童看过一遍可能就认识了，智力残疾儿童可能需要花更多的时间才能认识。

第三，智力残疾儿童和青少年的注意力不够集中，容易将注意力分散在无关的事物上，并且不能持续关注。因此他们在学习过程中，不能把注意力集中在教师布置的学习任务上，非常容易被与学习内容不相关的事物所吸引。

第四，智力残疾儿童和青少年的知识迁移存在困难。知识迁移能力是不断学习和掌握新知识的基本能力。比如认识小数点，智力残疾儿童在课堂上可能掌握了，也会读写，但是到了超市，却不认识价签上带有小数点的价格。

第五，智力残疾儿童和青少年缺少求知欲。在学习时，会明显地表现出对什么问题都没兴趣，老师常常使出浑身解数也不能激发起他们的学习动机。

2. 对适应行为的影响

适应行为是一个人参与社会生活能力的综合体现，也是一个人社会化程度的标志。智力残疾对智力残疾儿童适应行为的影响主要体现在以下几方面：

第一，智力残疾儿童和青少年的生活自理能力较低。有的儿童生活不能自理，他们在吃饭、穿衣、个人卫生等方面需要得到支持。

第二，智力残疾儿童和青少年的社会交往能力较差。由于智力残疾的限制，他们在与人交往过程中经常会使用不恰当的语言，或者表现出不恰当的行为，或者在交谈时与交谈对象岔开话题，等等。

第三，智力残疾儿童和青少年可能会有一些行为不合时宜，比如对于他喜欢的人，会突然走上前拥抱等。

虽然智力残疾儿童和青少年在适应行为方面存在许多问题，但是他们身上也还有许多值得普通儿童学习的优秀品质。比如，对老师交给的工作极其负责，在人际交往中表现得很真诚，对自己喜欢的特奥运动项目执着追求、坚韧不拔。

（二）智力残疾人的成年生活

成年人是指 18 周岁以上、具有完全民事行为能力的公民，他们不仅享有公民应有的权利，还要承担公民应尽的义务，同时要参与社会活动，共享社会生活。智力残疾使得成年智力残疾人在适应社会、参与社会活动的过程中遇到诸多困难，他们需要得到一定程度的支持才能适应社会生活。

1. 对独立生活的影响

独立生活是成年人的重要标志。具有独立生活能力以及与之相适应的日常行为，是成年人适应社会、参与社会生活的基本要求。智力残疾对成年智力残疾人日常行为的影响主要体现在以下几方面：

第一，成年智力残疾人缺乏自我保护意识。对于生活中的突发事件，如地震、交通事故、家中煤气泄漏、突发疾病等意外情况，往往感觉迟钝，甚至没有避险意识，而且容易上当受骗、被拐卖等。

第二，成年智力残疾人不能很好地处理恋爱与婚姻问题。虽然他们智力有残疾，但是生理发展正常，像普通人一样，有谈恋爱、组建家庭的渴望和需要。可是智力残疾使得他们不懂得采取合理的行为与做法来处理恋爱与婚姻问题，家长也会因为子女的智力残疾问题，对此采取回避的态度。

第三，成年智力残疾人与人交往过程中缺乏主动和积极的意识。不懂得交往的礼仪和用语，或者缺乏交往的意识，因此经常处于孤独中，没有朋友，交往最多的就是家里人。

2. 对就业的影响

就业是成年人生活的核心问题，只有实现就业，才能获得经济上的独立，最终实现独立生活。智力残疾人在就业方面存在问题，他们具有就业的潜力，但是需要经过恰当的职业训练。在就业过程中也需要得到周围同事的支持和协助。为其提供支持协助时，应注意以下的问题：

第一，安全问题。为了让智力残疾人在安全的环境中工作，需要有针对性地对他们进行安全教育。

第二，体能问题。智力残疾人在就业时必须具备适当的体能。不同的工作条件与环境，对体能的要求也不同。户外工作需要更强的体能和运动能力，室内工作的要求相对低一些。

第三，认知问题，任何一个职业或工作都需要一定的知识储备和基本能力。比如，任何一项工作都要具备基本的文字和数学能力。

第四，人际协调问题。在工作中需要与其他同事相处，相互协助，要处理好工作中的人际交往问题等。

第五，行为情绪问题。比如有效地控制自己的情绪和行为状态，严格遵守工作规范，体现良好的工作风貌。

第二节　智力残疾人的服务需求

智力残疾人是特殊群体，由于心智功能的限制，他们在思维、语言、人际交往、社会适应等很多方面与普通人存在较大的差异。因此，需要为他们提供间歇、有限、全面、广泛的支持和服务，这种支持与服务也许将会伴随他们一生。

智力残疾人由于智力功能受损，认知功能和适应功能方面的诸多问题，不管是儿童、青少年或成年人，智力残疾往往是不可逆转的。因此，要帮助智力残疾人实现自我照顾和生活独立，为社会做贡献，一般需要多方面、多角度的服务。在服务的过程中，应该依据《中华人民共和国宪法》《中华人民共和国未成年人保护法》《中华人民共和国残疾人保障法》等法规以及《残疾人权利公约》中的有关条文。智力残疾人一般需要以下服务：

一、智力残疾儿童和青少年需要的服务

智力残疾儿童和青少年与健全儿童和青少年一样，正值生长发育阶段，需要家人和社会给予更多的关注和照顾，帮助他们在德、智、体等方面全面发展，把他们培养成为能够适应社会、自我照顾、自食其力的劳动者。

1. 为智力残疾儿童和青少年提供服务的基本原则。注重智力残疾儿童和青少年的合法权益的实现，同时还应确保他们作为人的尊严得到维护和尊重。还要注意帮助的方式与方法，要适合儿童和青少年的生理与心理特点，在服务过程中应注重服务与保护相结合。

2. 为智力残疾儿童和青少年提供服务的主要领域，包括人身安全和财产等权益的保障，父母或监护人对智力残疾儿童和青少年尽抚养和教育培养义务的保障，接受教育和得到适宜教育权利的保障，参与社会活动和隐私权的保障，康复治疗权益的保障。对智力残疾儿童和青少年的服务，更多地在于使他们接受义务教育和培养适应性行为。康复训练主要包括运动、感知、认知、语

言、生活自理、社会适应等六大领域。

二、成年智力残疾人需要的服务

成年人应该能够自己照顾自己并能独立生活，不仅拥有一定的社会权利，还要承担一定的社会义务。但是智力障碍以及社会环境的限制，使得很多成年智力残疾人很难独立生活，还需要社会及家人给予更多的帮助，共同努力使他们真正成为独立、平等参与社会活动的公民。

1. 为成年智力残疾人提供服务的基本原则。应注重保障成年智力残疾人的合法权益，同时还应尊重他们的人权、作为公民的自由权利以及人格尊严不受侵犯。在帮助成年智力残疾人时，还要注重保障他们平等就业和接受职业技能的培训，平等地得到社会保障，尤其应注意保护成年女性智力残疾人的权利。在服务过程中应注重服务与支持相结合。

2. 为成年智力残疾人提供服务的主要领域，包括成年人生活技能的掌握，公民人身安全的保障，公民人权的保障及人格尊严的保障，平等地参与劳动就业和同工同酬的保障，婚姻及家庭生活的保障，无劳动能力成年智力残疾人的保障，参与社会活动和隐私权的保障，康复治疗权益的保障，特别是成年女性智力残疾人权利的保障。对成年智力残疾人的服务更多地在于帮助、支持他们自强自立、独立生活，保持一定的生活质量等与生存有关的服务，主要包括生活自理能力训练、简单劳动技能训练、适应社会生活能力训练以及有偿托管、生活护理等服务。

第三节　服务智力残疾人的基本技能

智力残疾主要影响人的认知功能、适应性行为以及日常生活能力，这些都是一个人应该具有的基本能力。一个人不管是否残疾，最终都将成为一个社会人，一个能适应社会并能在社会中生存的人，同时还能为社会服务并做出贡献。因此，我们在服务智力残疾人时，不仅要注重改善智力残疾人个体的生理功能和心理水平，更应该注重培养他们作为社会人应该具有的基本能力。

一、咨询服务技能

咨询服务是向智力残疾人及其家属提供帮助，解决问题。主要包括智力残疾等级的鉴定、残疾证的取得、教育、婚姻、生活、就业、福利待遇等问题。咨询服务以解决智力残疾人的实际问题为主要目标，因此该项服务的基本要求是，判断问题是什么，并找出解决问题的途径与方法。具体包括：

1. 智力残疾等级的鉴定：要了解智力残疾的分级，如何对智力残疾进行鉴定，哪些机构有资质对智力残疾进行鉴定。

2. 残疾证的取得：经过正规机构的鉴定后，如何去申请残疾证，在哪里可以办理残疾证。

3. 教育问题：了解适龄智力残疾儿童的入学规定，可以去哪里就学，可以获得哪些资助等。

4. 婚姻与生活问题：了解智力残疾人的婚姻与家庭生活有哪

些法律保障，如何获得婚姻与生活问题的帮助。

5. 就业问题：了解智力残疾人就业技能培训的要求与规定，可以在哪里获得培训，可以去哪里就业等。

6. 福利待遇问题：了解国家与地方对智力残疾人的福利待遇有哪些、如何获得等。

二、训练服务技能

训练服务是指向智力残疾人提供能力和技能培训，主要包括认知功能训练、行为训练、生活自理能力训练、适应性行为训练、劳动能力训练等等。训练服务以改善和提高智力残疾人的能力为目标，因此基本要求是对智力残疾人实施训练，并判断训练的效果，具体为：

1. 认知功能训练：需要了解认知功能的基本理论，了解如何对智力残疾人的认知功能进行评估、训练及评定，还要知道如何针对智力残疾人的实际情况制定认知功能训练方案。

2. 行为训练：需要了解行为问题的基本理论，了解如何对智力残疾人的行为问题进行评估、训练及评定，还要知道如何针对智力残疾人的实际情况制定行为问题训练方案。

3. 生活自理能力训练：需要了解生活自理能力对智力残疾人的重要意义，有哪些基本的生活自理能力，如何评估、训练、制定训练方案和进行能力评定。

4. 劳动能力训练：需要了解劳动能力对智力残疾人的重要意义，了解可以训练他们哪些基本的劳动能力，如何评估、训练、制定训练方案及进行能力评定。

三、转介服务

转介服务是指向智力残疾人提供更加适合个人需求的帮助，主要包括医疗转介、教育转介、康复转介、职业转介等。转介服务以满足智力残疾人的个性化需求为目标，因此基本要求是能判断出智力残疾人的个性化需求是什么，知道相应的接收渠道在哪里，具体有：

1. 医疗转介：能够帮助智力残疾人识别一些基本的、常见的医疗问题及临床表现，培养智力残疾人的常见疾病自我护理能力。如果残疾人已婚，还包括生育和看护子女等问题。

2. 教育转介：能够评估智力残疾人的智力水平，发现教育方面存在的问题，了解他们可以到哪些教育机构接受教育培训。

3. 康复转介：能够评估智力残疾人的基本康复需求及辅具配置需求，判断需要单一领域的康复还是全面的康复，可以去哪里进行康复训练等。

4. 职业转介：能够判断出智力残疾人的职业需求及意向，识别出智力残疾人已经具备的基本职业能力，能够向智力残疾人介绍培训机构和进行基本的就业指导。

四、支持性服务技能

支持就是调动资源来有效地帮助残疾人。用支持的观点来看，我们的生活环境中有十分丰富的资源，我们将物质资源统称为“硬资源”，将政策法规、策略与方法、信息与关系等统称为“软资源”。支持的关键在于适当运用这些资源来提高智力残疾人的生活质量。

1. 建立支持系统

为了志愿者有效、持续地提供支持和服务，应该建立一个支持系统。

（1）支持的分类：根据支持的性质，可分为社会支持、自然支持、通用支持和专业支持四类。社会支持是指意识理念、法规政策和经费方面的支持；自然支持是指日常生活中非专业的合理便利；通用支持是指较为广泛应用的学科专业背景的支持，如社工、教育等专业支持；专业支持是指具有一定资质或证书要求的专业支持，如物理治疗、作业治疗、语言治疗、心理咨询与治疗和法律等专业支持。

（2）支持系统的构建：我们要将上述四种支持合理配置，建立一个“社会支持优先，自然支持和通用支持为主体，专业支持为后援”的支持系统。为提供有效、持续的支持创建条件。

（3）支持系统应用的原则：上述支持系统为我们提供了一个运用支持的基本原则。这个原则就是：理念先行，大量利用自然支持和通用支持，有效运用专业支持。这是我们长期运用支持系统后总结提炼出来的、在中国城乡均可贯彻的原则，也是我们在志愿者行动中应该遵行的有效原则。

2. 支持的维度

志愿者在为智力残疾人提供支持的时候，可以从以下四个方面入手：

（1）情感支持。首先，保持接纳的态度，这是情感支持的最佳策略之一。以平常心对待残疾人，把残疾朋友看成平常人，是对他们最大的接纳和尊重。第二，用积极的情感影响残疾人，以情养情是培养情感的有效途径。用积极向上的情感来感染残疾人，让他们感受到生活的积极面，培养正向的情感，这是情感支持的有效途径和方法。第三，提升挫折容忍度是情感支持的重要措施，许多残疾人和他们的家庭面对残疾产生挫折感，如果他们能从挫折感中走出来，以后再遇到困难就有很强的抗打击能力，不会轻易放弃。因此，如何帮助残疾人和他们的家庭面对挫折积极适应，将是情感支持的重要内容。

（2）信息支持。首先，要为残疾人及其家庭提供科学、正确、有效的信息。残疾人及其家庭的信息来源有限，往往对残疾状态应对错误，导致康复和生活不能达到最佳状态。因此，给这样的个人和家庭提供信息支持十分重要。有效的信息应当是科学的、实用的。因此，信息应该来自本领域的专业人士。第二，残疾人家长之间的信息支持最有效，他们对彼此的境况感同身受，最有说服力，而且可以信息交流、分析共享。第三，志愿者最好专业对口，用自己的专业知识和技能为残疾人及其家庭服务。第四，一般的志愿者应该学习助残知识与技能，也可以求助专业人士来获得相关专业信息，安排残疾人家长的活动，为他们交流信息和心得创造机会和条件。

（3）关系支持。关系支持是指利用公共关系或将个人关系公共化的过程。我们志愿者参与残疾人支持服务，正是在利用公共关系，在我们生活、工作的环境中，有许多公共关系可以用于残疾人的支持服务，例如我们自己或许就有许多社会角色，与其他人建立起公共关系，行业中有许多同道，有上下级和周边关系等，可以将个人关系和优势转化成公共关系。正如我们将自己的钱捐献出去，我们也可以将个人关系转化为公共关系，来帮助残疾人。例如，当我知道我的朋友具有某种个人能力和优势时，可以邀请朋友来参加志愿者活动，贡献自己的专长。这种方式可以构建一个庞大的为残疾人服务的关系网。

（4）资源支持。关系的背后隐藏着巨大的资源，当我们将关系运用到一定程度的时候，就能积累许多资源，用来帮助残疾人及其家庭。其中，最重要的资源是自然支持和合理便利，这是蕴藏在我们周围最大的资源库。有专业人士进行过统计，对残疾人的支持服务，60% 以上是自然支持和人们提供的合理便利。因此，在志愿者服务中应用自然支持是主要的方法。我们也需要建立专业资源库来解决具有挑战性的障碍和难点。有的志愿者本人就是专业人士，拥有十分丰富的专业经验和资源，可以提供专业支持。还有的志愿者具有物质资源或其他资源，都可以通过合法程序，应用于残疾人支持系统的建设与运转。

服务精神残疾人的知识与技能

各类精神障碍持续一年以上未痊愈，存在认知、情感和行为障碍，影响日常生活和活动参与的状况，被称为精神残疾。

2012 年 10 月 26 日经全国人大常委会通过的《精神卫生法》（2013 年 5 月 1 日起正式实施）规定，今后对于精神疾病的诊断、治疗、精神残疾的鉴定，都必须严格按照相关法律执行。所以精神残疾的鉴定和等级划分，要在经专业机构诊断为精神疾病一年后，再次确诊精神疾病未痊愈的前提下才能进行。

第一节　了解精神残疾

一、精神残疾

精神残疾是指，各类精神障碍持续一年以上未痊愈，由于存在认知、情感和行为障碍，以致影响其日常生活和社会参与。

具体分级标准见《残疾人残疾分类和分级》。

二、精神残疾的原因

（1）精神分裂症

（2）情感性、反应性精神障碍

（3）脑器质性病变与躯体疾病所致的精神障碍

（4）精神活性物质所致的精神障碍

（5）儿童、少年期精神障碍

（6）其他精神障碍

三、常见精神残疾障碍

1. 孤独症

孤独症至今病因未明，基本临床特征是：社会交往障碍、言语发育障碍、兴趣范围狭窄以及刻板单一的行为方式。

社会交往障碍。婴儿期即患有孤独症的患儿表现为回避目光，对人的声音缺少兴趣，没有期待被抱起的姿势，被抱起时全身松软、身体僵硬或不愿与人贴近。在儿童早期，患儿仍回避目光接触，呼之常无反应，对父母不依恋，缺乏与其他儿童在一起或一起玩的兴趣，甚至可能主动回避。在儿童中期，患儿对父母可能产生依恋，但大多数患儿对集体游戏仍缺乏兴趣，不能建立伙伴关系。随着进一步成长，患儿对父母、同胞可能变得友好而有感情，但仍明显缺乏与人主动交往的兴趣和行为。病情较轻的患儿可能出现对友谊的渴望，但因为对社交常识缺乏理解，常会做出一些违背常识的事情，从而阻碍友谊的建立和发展。成年后，患者仍缺乏社交技能，难以建立恋爱关系和结婚。

交流障碍。孤独症患儿通常以哭、尖叫或拉着大人的手走向想要的东西来表示他们的需要。常常不会点头、摇头或做适当的手势，表情常显淡漠。我们称之为“非言语交流障碍”。

言语障碍。孤独症患儿的言语理解能力不同程度受损，言语发育也存在障碍。患儿通常说话晚，有些患儿 2 至 3 岁前有表达性言语，但之后逐渐减少甚至消失，有些患儿终生无言语。患儿在言语形式、内容上也存在异常，常存在模仿言语（即刻板或延迟刻板重复言语，或自我刺激言语），语法结构和人称代词常常错用，语调、语速、节律、重音等方面也存在异常。虽然部分患儿有言语，但言语运用能力常受损，也不会主动与人交谈，不会提出或维持话题，交谈时常依靠刻板重复的短语，只会反复纠缠同一话题，不注视交谈对象，也不在意对方的反应。我们称之为“言语交流障碍”。

不寻常的行为模式。孤独症患儿刻板地要求日常生活保持常规，如物品的摆放位置、行走的路线等一成不变，如发生细微变化就会拒绝接受、烦躁不安。兴趣也较狭窄，并且存在不寻常的兴趣和非同一般的游戏方式，如沉迷于看旋转的物品，玩小汽车总是倒过来转轮子玩等。对一些古怪的物品可能产生强烈的依恋。患儿常常会出现一些刻板重复的动作及奇特怪异的行为，如重复蹦跳，将手放在胸前凝视，或将手放在头、胸前扑动等。也可能持续地关注物体的某些非主要特性，如去闻不该闻的物品或反复地触摸光滑的物体。有的患儿痛觉迟钝，有的患儿对某些频率的声音特别敏感。

智能和认知障碍。据统计，孤独症患儿中约有50%的孩子智商低于50，约有25%的孩子智商为50至69，约有25%的孩子智商高于或等于70。患儿能力发展不平衡，音乐、机械记忆、计算能力相对较强。

其他表现。孤独症患儿的情感表达可能平淡、过分或不适当，情绪经常不稳定。幼儿期活动常常明显过多，青少年时期后倾向于活动过少。约有1/3至1/4患儿合并癫痫。

目前，对孤独症缺乏有效的药物和干预方法，但早期干预、持续干预、科学干预可以让患儿的社会功能获得巨大发展，给孩子及其家庭带来希望和幸福。

2. 精神分裂症

该障碍的临床症状多种多样，十分复杂，并在不同类型和不同临床阶段均有较大差异，这里仅介绍精神分裂症最常见的特征性精神症状。

感知觉障碍。精神分裂症患者在早期可能会有特殊的躯体不适感、头部重压感、脑内屏障感、体内液体流动感等异样的精神症状，有的病人可能出现对时间、空间、距离、大小等的感知觉异常，如对距离的远近、物体的大小以及个体的变化等感知觉异常。更具代表性的症状是幻觉，尤其是命令性幻听、评论性幻听等。

思维障碍。包括内容障碍，如妄想和超价观念；思维联想障碍，如思维松弛、思维破裂、思维中断、思维云集（或强制性思维）；思维逻辑障碍，如象征性思维、语词新作和诡辩性思维等。

情感活动障碍。多数精神分裂症的患者可能表现为情感反应迟钝，情感活动和心境不协调，不能运用细腻的情感关心亲人，对周围事物和环境缺乏兴趣。少数病人的情感活动受到比较严重的损害，临床表现为情感淡漠或情感倒错。

意志行为障碍。部分患者在疾病早期表现为适应能力降低，社交活动减少。随着疾病的发展，多数患者在幻觉、妄想和言语运动性兴奋症状的支配下，行为活动过度增强。但慢性期的病人往往会出现社会行为的减少和社交能力的退缩。

其他常见的特征性精神症状有：思维被洞悉（或内心被揭露感）、被控制体验等。

3. 精神活性物质所致的精神障碍

所谓精神活性物质是指来自体外的可显著影响精神活动的各种物质。一般包括以下几类：

酒精。主要指酒类饮料，包括啤酒、果酒和蒸馏酒（白酒）。

鸦片类药物。有合法与非法两类，非法鸦片类物质包括鸦片、海洛因；合法物质主要在医疗中用于镇痛、麻醉、止咳，如哌替啶冷丁、吗啡、喷他佐辛、芬太尼、阿法罗定、可待因等。

大麻类镇静催眠剂，包括巴比妥类及安定类药物、可卡因。

酒精与药物依赖会导致各种精神症状，与精神分裂症很类似，如幻听等，这里不再赘述。

4. 老年痴呆

分为阿尔兹海默病和血管性痴呆。阿尔兹海默病起病潜隐，慢性进行性病程，临床表现为持续性进行性记忆减退和智力减退等认知障碍，伴有言语、视空间功能障碍，人格改变及情感障碍。早期病人可能仅有记忆困难和轻度健忘，还保持着一定的社交能力。当环境改变或遇到精神打击后，症状才明朗化。早期表现为近事遗忘和性格改变，再进一步发展会出现理解、判断、计算及智能的全面下降，导致不能工作或家务，丢三落四，随做随忘，记忆力也会受损。视空间功能也会同记忆力一样受损，如在熟悉的环境中迷路，出门找不到家。有的患者可伴有被窃妄想、被害妄想、嫉妒妄想等精神病性症状。病况进一步发展，将会导致人格改变。刚开始时，病人主动性不足，活动减少，感到孤独，对新环境难以适应。之后兴趣范围越来越窄，对人冷漠，对亲人也漠不关心，易被激怒。进而缺乏羞耻感，不注意卫生，甚至有违法行为。睡眠障碍也是伴随症状之一，病人晚上会出现睡眠倒错，到处乱走，乱翻东西，喊叫，白天则萎靡不振，瞌睡打盹。

血管性痴呆。血管性痴呆指由脑血管障碍引起的、以痴呆为主要临床表现的疾病。早期表现为脑衰弱综合征：头痛、头沉、眩晕、站立时头晕，非旋转性眩晕、肢体麻木、失眠、耳鸣、心悸、注意力不能集中、情绪不稳、情感脆弱、记忆力下降等。脑血管障碍的部位不同，可导致多种感觉或运动障碍，较突出的有假性延髓性麻痹，构音障碍，吞咽困难，面瘫，失语，肢体活动障碍，癫痫大发作及大小便失禁等。有的患者会出现短暂脑缺血，也可伴有意识障碍或精神症状。

出现痴呆症状的早期患者有自知力，会为记忆力下降着急、求治，并采取补救措施，如使用备忘录等。随着记忆力进一步下降，智力也会下降，但生活自理能力，理解、判断力及人格可保持相当长时间。随着脑血管病的反复发作，病情加重，患者最终严重痴呆。

5. 情感性精神障碍

抑郁心境。这是抑郁障碍的特征性症状（约占 90% 还多），情感基调低沉、悲伤、绝望。觉得生活没有意思，没有精神，高兴不起来。病人终日忧心忡忡，度日如年，痛苦难熬。在抑郁心境下可出现焦虑、激越症状。病人表情紧张、坐立不安、惶惶不可终日。有的病人则表现出明显的易激惹性。

兴趣减退。病人不能感受到乐趣，对事物兴趣索然，活动减少，体验不到感情，变得麻木等。

精力下降。病人主观感到精力不足、疲乏无力，日常活动逐渐变得被动。以后越来越无精打采，衣着等小事都感到费劲，丧失主动性和积极性。

自我评价低。病人过分贬低自己，总用批判的眼光和消极否定的态度看待自己的现在、过去和将来。把自己说得一无是处，缺乏价值感，或有强烈的内疚和自责。此时，可出现罪恶妄想、贫穷妄想、疑病妄想和虚无妄想。

精神运动性迟滞。这是抑郁症的典型症状之一。病人的整个精神活动呈显著、持久、普遍的抑制状态。注意力集中困难，记忆力减退，脑子迟钝，思路闭塞，联想困难，言语减少，音调低沉，行动缓慢。

自杀想法和行为。抑郁症患者的自杀率比一般人群高 20 倍，自杀是抑郁症最危险的症状，应提高警惕。自杀时连同其亲友（多为伴侣或小孩）一起死于非命者称为扩大自杀，在日本可见成双自杀或双亲与小孩扩大自杀。我国扩大自杀者较罕见。

昼夜节律。病人心境有昼重夜轻的变化，这是抑郁症的典型症状。发生率约为 50%。

躯体或生物学症状。情绪反应总会伴有机体的某些变化，如口干、便秘、消化不良、胃肠功能减弱等。睡眠障碍也很常见，主要表现为早醒。疾病早期即可出现性欲减退、男性阳痿、女性闭经等。此外还有恶心、呕吐、心慌、憋气、出汗、胸闷等，严重者可达到疑病妄想程度。

躁狂状态。躁狂状态的临床症状主要是心境高涨、思维奔逸和精神运动性兴奋。其病可急可缓，以急性起病较多。

心境高涨。病人感受到愉快，乐观，持久的喜悦，自我感觉极为良好，好像从没有如此幸福、健康过，精神从没有如此旺盛过。病人兴高采烈，欢欣若狂。情感生动、鲜明、持久，而且与内心体验一致，故具有感染性，常博得周围人的共鸣。但有时病人的情绪反应不稳定，表现出明显的易激惹性，难以控制自己的行为。

思维奔逸。病人的联想过程明显加快，概念一个接着一个产生，呈明显言语运动性兴奋，高谈阔论，滔滔不绝，别人没有插话余地。病人主观感到自己脑子“非常灵活”“变聪明了”，注意力随境转移，可出现观念飘忽和音联、意联。内容多具有幻想性，不荒谬也不十分坚信。

精神运动性兴奋。病人主动热情，好管闲事，喜欢热闹场面。要求多，意见也多。终日忙忙碌碌，片刻不停，表现特别活跃，但往往做事有头无尾，不能善始善终。有的病人行为轻浮，好接近异性。病人终日兴奋，睡眠很少，但面无倦容，精力显得异常充沛。

神经症。神经症是最常见的一类精神障碍。神经症在精神科门诊、心理咨询和心理治疗门诊中很常见，在综合医院的门诊中也很常见。神经症可表现为不同的精神症状，如抑郁、烦躁、紧张、焦虑、强迫、疑病等，也可表现为不同的躯体症状（躯体或器官的功能性障碍），还可表现为行为及个性方面的问题。

焦虑症。是以焦虑症状为主要临床表现的神经症。神经症性焦虑是没有明确客观对象或具体内容的紧张、害怕、恐惧及不安的情绪，不受特定的外部环境影响。焦虑症患者的焦虑情绪为原发症状，而非继发于其他精神症状。

强迫症。又称强迫性神经症，是以强迫症状为主要临床表现的一类神经症。强迫症状包括强迫思维和强迫行为（强迫动作或仪式）。强迫思维是指以刻板形式在头脑中反复出现的观念、表象或冲动。强迫动作或仪式是指反复出现的刻板行为。

恐惧症。又称恐惧性神经症或恐惧性焦虑障碍，恐惧症状是其主要临床表现。患者对某些客体、处境或在与人交往时会产生强烈的恐惧，虽然所害怕的对象并不危险，但患者仍极力回避，以缓解紧张、恐惧情绪。

第二节 精神残疾人的服务需求

孤独症儿童需要药物治疗与教育训练、行为治疗相结合，儿童多动症需要在药物治疗的同时配合认知行为治疗、特殊教育和父母训练。其他精神残疾人的需求，总的来说就是“治好病、防复发、回归社会”这三部分。

一、精神残疾人的主要需求

精神残疾人的主要需求是社会理解与接纳需求、医疗康复需求、教育需求、就业需求以及社会保障需求。

（一）精神残疾人首先需要科学、正规、系统的医学治疗

精神病人的病情越重，就越不承认自己有病，越坚决地拒绝接受治疗，这是精神病的特殊性决定的，也给病人的康复带来巨大的困难。这时，患者家属的作用就显得至关重要，他们是医生与患者之间的桥梁。例如有些需要坚持长期服药的病症，特别是精神分裂症（其药物治疗时间一般为第一次发作后至少维持 1 ~ 2 年，第二次发作后至少维持 5 年，复发 2 次以上维持 5 年以上甚至终身）。

（二）在医学治疗的同时，需要进行功能康复，包括：生活技能训练、文娱治疗、社交技能训练、作业治疗等

特别要注意的是，精神残疾人病愈出院之后，如果闲散在家，无所事事，生活不规律，情绪不稳定，社会交往减少，职业技能减退，还可能因无力适应激烈的社会竞争，碰壁而归，诱使病情复发。他们非常需要过渡性康复机构的帮助，比如过渡性医院设施、过渡性居住设施、过渡性就业设施和过渡性娱乐设施等，可以使患者在不完全脱离治疗和护理的情况下逐渐适应社会生活，

在生活自理能力、人际交往能力、学习能力等方面进行康复。

一些康复训练可以在家庭中进行，主要由社会工作者或康复指导人员提供，不一定需要建设较大的机构。训练的内容包括：自我照顾、家居管理、基本急救及危机处理、健康管理、按时复诊及服药习惯、社区生活技能等。

（三）就业渠道

可以先安排辅助就业，即安排精神残疾人在一个公开环境下就业，并可以得到持续的辅助服务，享受一般工作应得的待遇，如工资及职业保障。可以安排过渡性就业、模拟小型生意、合同工作等，直至他们能够正常就业。

（四）社会支持

如社会环境的优化、经济的支持、法律援助、文化服务等。

精神疾病给患者本人、家庭和社会都带来了痛苦，全社会都要理解和尊重精神残疾人的权利与尊严，不能视他们为异类，拒绝他们参与社会生活。要积极关注精神残疾人问题，良好的社会环境是解决精神残疾人问题的首要条件。

精神残疾是典型的“因贫致病”和“因病致贫”。重性精神疾病均会不同程度导致社会功能减退，其贫困带有普遍性。目前，我国各地都有一定的精神疾病医疗救助政策，一般由民政部门、残联和卫生部门提供，用于补助部分精神疾病患者的医疗自负费用。

另外法律援助、文化助残等也应列为对精神残疾人的社会保障。

二、精神残疾人亲友的主要需求

精神残疾人亲友是一个承受着沉重压力的群体，邓朴方主席曾经讲过，“最为痛苦的群体就是残疾人的亲友”。无助与绝望一直伴随着他们，非常需要社会的理解与尊重。同时他们也需要了解相关信息与知识，掌握相关专业技能，需要喘息服务与入户支持，需要完善的社会保障、心理支持与援助等。志愿者恰恰可以提供这些方面的服务。

第三节　服务精神残疾人的基本技能

帮助精神残疾人及其家庭，不但需要爱心和耐心，更需要具备相关的专业知识。从人性角度看，一些精神残疾人被称为“世界上最纯真的人”是有道理的。可以说，能很好地认识并与精神残疾人相处，对志愿者而言既是巨大的挑战，也会对自身成长有所帮助。与精神残疾人相处，你会思考人性的本质，你会重新认识自己、亲人和我们这个社会，无形中增添更多智慧和能量。

一、关注支持精神残疾人

志愿者为精神残疾人服务，需要了解医疗服务措施、医疗服务形式，掌握获得医疗服务的途径和方法。需要了解当地精神残疾人贫困救助的种类，掌握精神残疾人获取贫困救助的条件、途径和方法等。了解当地精神残疾康复设施、机构及其分布情况，了解精神残疾康复机构的服务对象，掌握精神残疾人获得康复服务的条件、途径和方法。掌握精神残疾人家居训练服务的内容、方法和步骤，可以直接为精神残疾人提供家居服务。了解当地可以提供给精神残疾人辅助就业的单位、适应对象和工种，帮助精神残疾人寻找到适合的辅助就业岗位，同时继续跟进支持辅导，鼓励精神残疾人坚持就业，直至完全公开就业。掌握和了解一定的法律知识，了解当地精神残疾人法律援助的资源，了解为精神残疾人寻求法律援助的途径和方法。掌握和了解当地适合精神残疾人的教育、文化、体育、艺术等设施，引导精神残疾人参与教育培训和文化生活，如参加成人教育、书法、绘画、体育和其他艺术活动或比赛。还要掌握以下技能：

（一）创建结构化环境

一些精神残疾人对环境的复杂变化等具有天然的恐惧心理，他们喜欢相对固定、简单的环境。在室内，要根据他们的功能和特点，设置相应环境。在活动前要预设好流程，并与他们商量，让他们心中有数，这样就可以尽量避免引发他们的不良情绪和行为。

（二）找到并熟悉精神残疾人的正面强化物

强化物是残疾人喜欢的、能引起他们兴趣并有利于建立或保持良好情绪与行为的事物。一些精神残疾人（如孤独症患者）的特点就是兴趣狭窄、固化，喜欢的东西不多，而且基本固定不变。所以，发现并熟悉强化物，是保持残疾人注意力、建立良好行为、消除不良情绪和行为的关键。要与残疾人的亲友、老师、医生充分沟通，他们更清楚残疾人的强化物和习惯，同时也可以通过观察和互动，发现、培养残疾人的兴趣，逐渐找到具体强化物。

（三）正确理解各类精神残疾人的行为及情绪特征

正确、全面了解精神残疾人，全身心地接纳他们，是相处的基础。一些精神残疾人无法准确表达自己的需求和情绪，往往只能通过观察行为来确定。如果我们不理解其行为背后的意义，就无法与他们相处。要循序渐进地安排活动，不能简单地下命令或提要求，语言要具体、生动、简洁，切忌强硬要求和限制他们的行动，要注意尽量减少他们的挫折感。

（四）协助精神残疾人融入社会

精神残疾人最大的问题是社会功能缺失，当今社会，融合、全纳是一以贯之的理念，让他们尽量多与同伴接触，尽量融入社区，就是对他们最好的帮助。可以设计相关活动，让他们充分融入其中。如通过社会故事帮助他们认识自身的社会角色，或带他们去超市、坐车、游玩，让他们在活动中提升沟通的技能，恢复社会功能。

二、支持精神残疾人的亲友

一些精神残疾是终身障碍，亲友是精神残疾人最直接的支持力量，他们承受的压力也最大。因此，精神残疾人亲友是最需要关爱和支持的群体。帮助他们时，既要着眼于具体的需求，又要着眼于促进其家庭的发展，既要推动社会支持体系的构建，又要给予具体的关爱。

（一）保持同理心，给予充分理解与尊重

精神残疾人永远是亲友的关注重点，给予精神残疾人尊重和帮助，也是对其亲友最大的帮助。亲友长期面对残疾人，常人无法理解其感受，志愿者要站在亲友的角度，尽量理解和感受他们的内心世界，而不能抱着施舍的心理，这样会使他们受到更大的伤害。

（二）积极鼓励，真诚沟通与陪伴

许多研究表明，精神残疾人亲友是心理问题的高发群体，面对他们的抱怨、焦虑和内心不安，志愿者要鼓励他们把需求表达出来，倾听他们的心声。一方面，与他们一起想办法解决问题；另一方面，要传递正能量，鼓励他们发现自己的潜力和社会资源，相信残疾人的潜力和发展。

（三）与残疾人及其亲友建立互动关系

精神残疾人永远是亲友的牵挂，亲友的关注点和兴趣点基本锁定在残疾人身上，导致许多家庭生活逐渐封闭起来。所以志愿者既要理解残疾人亲友的困境，帮助他们解决实际问题，也要引导残疾人亲友安排好自身生活，积极投入社会活动，防止社会功能退化。志愿者通过活动与残疾人及其亲友建立互动关系，可以

引导他们融入社会，增强社会功能。

（四）给予残疾人亲友喘息的机会

精神残疾人由于时刻需要帮助与干预，与其亲友在一起的时间最长，其亲友需要强大的内心能量，但因为长时间操劳，很多人身心疲惫。如果在周末、节假日或残疾人亲友身体不舒服的时候，能把残疾人暂时带离其亲友身边，去商场、去车站、进社区，让残疾人在有同伴、积极和融合的环境下学着融入社会，不但能给予其亲友宝贵的喘息机会，也是对残疾人社会功能最好的促进。

三、专业志愿者可以提供的帮助

（一）日常活动训练

日常活动训练包括：按时起床、洗漱、洗衣服、修剪指甲，按时吃药等。

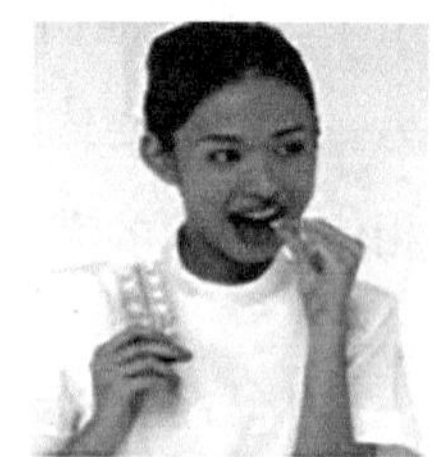

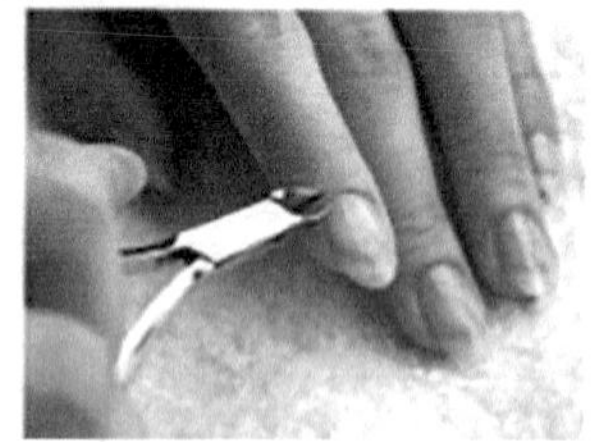

（二）家庭生活技能训练

家庭生活技能训练，为残疾人安排适当的劳动，如布置房间、打扫卫生、洗碗做饭等，改善其懒散的生活状态，促进其劳动能力的恢复。

（三）适当的体育锻炼和娱乐活动

残疾人每天应进行适当的体育锻炼和娱乐活动，如听音乐、打扑克、跑步、打乒乓球、打羽毛球、做广播操等。

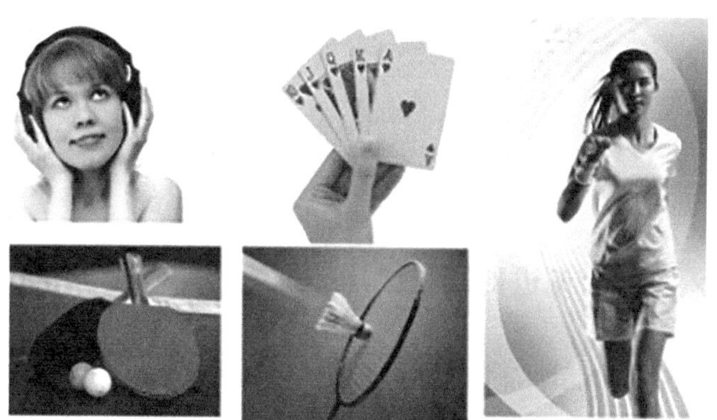

（四）社会交往技能训练

社会交往技能训练，指采用交流、沟通、讲课等方式，针对社会交往行为进行训练，使精神残疾人学会正确表达意愿，正确做出请求和积极寻求帮助。

（五）帮助精神残疾人建立正确的心理状态

通过倾听、解释、安慰、疏导等，正确评估精神残疾人的心理状态，帮助他们分析自己的长处和优点，并给予肯定、鼓励和支持。

六、循序渐进的康复或功能训练

康复或功能训练不能急于求成，应由易到难，由简单到复杂，针对患者的主要表现症状，由简单的生活料理到社会功能训练，逐渐提高训练难度。如：按时起床、洗漱，按时吃药，整理打扫房间，参加体育锻炼和开展社会交往技能训练。

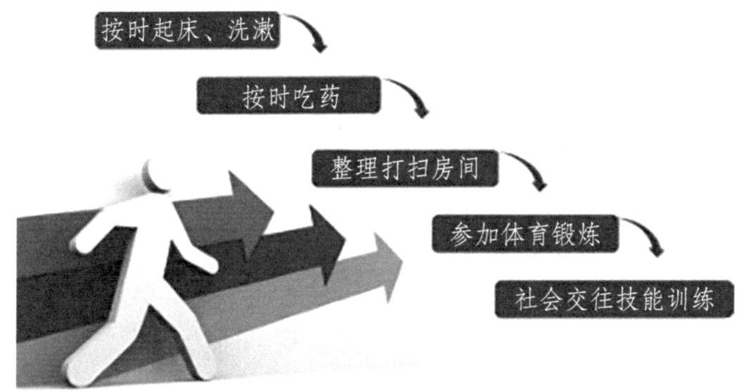

七、不同志愿者及其可提供的帮助

医务志愿者：可提供医疗服务咨询，帮助精神残疾人获得医疗服务；可提供康复咨询，帮助精神残疾人获得适合的康复服务；

民政、残联志愿者：可提供福利保障咨询，帮助精神残疾人获得贫困救助；

家政志愿者：可帮助精神残疾人获得家政训练服务；

就业指导志愿者：可提供就业咨询，帮助精神残疾人获取各类就业资讯，帮助精神残疾人应聘适合的岗位；

法律援助志愿者：可提供法律咨询和法律援助；

文化教育志愿者：可根据各自的特长，为精神残疾人提供文化、体育、艺术、教育等咨询和教学指导服务。

第七章 服务多重残疾人的知识与技能

多重残疾人是指同时存在视力残疾、听力残疾、言语残疾、肢体残疾、智力残疾、精神残疾中的两种或两种以上残疾的人。

多重残疾人的残疾等级，按所属残疾中残疾程度最重类别的分级确定。

志愿者为多重残疾人服务时，要有高尚的情怀、服务奉献的意识、平等尊重的态度。要根据多重残疾人的具体情况，参照前面所介绍的服务各类残疾人的技能、技术和理念，给予恰当的支持。

鸣谢

《志愿助残服务手册》经过两年多的修订，再次出版了。本次修订工作得到了中国助残志愿者协会各位会领导的悉心指导和志愿服务领域、残疾人工作领域等专家的积极参与，在大家的共同努力和无私支持下，这本凝聚着志愿情怀、专业水准和集体智慧的成果得以精彩呈现。

文稿形成期间，得到了来自方方面面的支持和帮助，在此郑重感谢为本书修订提供支持和帮助的各位专家、各有关部门和社会机构，对默默付出、辛勤工作的编辑人员表达敬意。

感谢：

执笔撰稿的各位作者

2008年奥运会、残奥会志愿者助残培训专家团队

中国残联组联部、研究室

中国残联五个专门协会

中国残疾人辅具用具中心

中国盲文图书馆

许家成教授、顾定倩教授、林永和教授、陈功教授及其学生

北京新生命养老助残服务中心

北京市朝阳区望京李楠社会工作事务所

特向那些在修订此书期间，热心参与讨论，提供合理建议的残健朋友们表达衷心的感谢！因支持者甚多，恕不一一具名致谢！

编者

二〇二三年十二月

此外，如您希望了解助残志愿服务及残疾人的相关规定，可扫描以下二维码获得参考：